ANTONIELL

PARIS

MICHEL LÉVY FRÈRES, LIBRAIRES ÉDITEURS

RUE VIVIENNE, 2 BIS, ET BOULEVARD DES ITALIENS,

A LA LIBRAIRIE NOUVELLE

—

1867.

ANTONIELLA

IMPRIMERIE J. CLAYE
RUE SAINT-BENOIT

LABOR

PARIS

ANTONIELLA

PAR

A. DE LAMARTINE

PARIS

MICHEL LÉVY FRÈRES, LIBRAIRES ÉDITEURS

RUE VIVIENNE, 2 BIS, ET BOULEVARD DES ITALIENS, 15
A LA LIBRAIRIE NOUVELLE
—
1867

ANTONIELLA

I

Pendant que j'étais secrétaire d'ambassade à Naples, je m'arrêtai, à la fin de ma première journée de route vers Rome, à Molo-di-Gaeta, sur une petite place à l'entrée de la ville. L'ét.t de langueur d'une personne chère que j'accompagnais rendait quelques jours de halte nécessaires. Rien ne me pressait; je n'hésitai pas à lui donner ce repos.

Le postillon était descendu de cheval et
s'était assis sur le palonnier de la voiture.
pour attendre que mon domestique, envoyé
par moi à la découverte d'une auberge pré-
sentable dans les environs, fût de retour et
lui indiquât la ruelle qu'il devait prendre
pour nous y conduire.

Le soleil baissait, et l'on entendait sortir
confusément de la mer, des oliviers, des
maisons voisines, ce murmure affaissé,
composé du mouvement du vent dans les
vagues et dans les feuilles, du pas ralenti
et lourd des cultivateurs rentrant au village, du bêlement des troupeaux et du
tintement des cloches des monastères, qui
s'élève partout en Italie, quand, selon
l'expression du Dante, le soir va mourir.

II

Mais, parmi tous ces bruits de la vie
qui s'éteint ou qui se ranime quand le
crépuscule rend la respiration à la terre.
un bruit étrange attira notre attention tout
entière vers un immense bâtiment régulier
et splendide qui s'élevait à quelques pas de
nous. Ses nombreuses fenêtres, ouvertes à
tous les étages au souffle frais de l'air,
donnaient immédiatement sur la route que
nous devions vraisemblablement parcourir;
de fortes grilles de fer, qu'embrassaient
de beaux bras de femmes, et à travers
lesquelles leurs mains faisaient pendre en

flottes des paniers de jonc au bout d'une corde, pour solliciter l'aumône des passants, avec des éclats de rire qui annonçaient plus de gaieté que de misère, nous présentaient un phénomène que le caractère italien, la sérénité du ciel et l'allégresse des éléments rendent assez commun dans ce beau climat : la gaieté dans l'infortune, l'insouciance au moins dans l'angoisse.

Il y avait environ soixante ou quatre-vingts têtes de jeunes filles riantes ou souriantes à ces fenêtres, et toutes les lèvres étaient entr'ouvertes par le plaisir. Ajoutons que cette tourbe de femmes ou de -jeunes filles avaient l'air d'avoir été choisies avec prédilection par un artiste consommé, pour offrir au regard le type le plus varié, mais le plus complet, de la beauté sous toutes les formes. Leur âge, qui ne dépassait pas, en apparence, seize ou dix-huit ans; leurs vêtements composés d'une chemise de toile écrue, à peine recouverte aux épaules d'une légère veste de laine verte galonnée, et dont la chaleur du jour leur faisait dégager leurs bras; leurs formes qui se dessinaient sous la transparence du linge; leurs cheveux noirs et humides épars sur leur cou, ou flottant en légers frisons sur leur front; l'éclat de leurs yeux, d'un noir entremêlé d'azur, comme pour les adoucir; leurs dents, blanches comme la nacre; la fraîcheur de leurs joues et l'ovale arrondi de leur visage, justifiaient le proverbe de l'Italie, qui dit que les filles d'origine grecque de Molo-di-Gaeta sont les plus charmants vestiges des colonies de

Smyrne importées par Amphitrite dans le sein de Parthénope. Virgile le savait déjà de son temps. et c'est là qu'il voulut vivre et mourir.

III

La citadelle de Gaëte. bâtie à environ une lieue de Molo-di-Gaeta, espèce de faubourg au bout d'une ligne circonflexe, s'élève sur le rocher, taillé en glacis pour porter les canons de la dernière défense du royaume; cette ligne s'infléchit gracieusement du côté des montagnes de l'Abruzze. embrasse amoureusement la mer bleue du golfe, et vient prêter à cette Gaëte désarmée un asile pour ses felouques, un peu de terre cultivable pour ses rustiques habitants. C'est comme la villa de la citadelle. Le roi de Naples y a fait construire un certain nombre d'édifices embarrassants dans une ville de guerre, destinés à différents usages dans la défense et moins nécessaires en cas d'attaque, et qu'on fait évacuer sur Naples ou sur les îles quand la guerre menace le royaume.

Parmi ces édifices auxiliaires, celui au pied duquel nous étions arrêtés est le plus neuf et le plus vaste. La construction assez récente, l'éternelle limpidité du firmament qui s'incruste, pour ainsi dire, dans la pierre du monument, la douce haleine du vent de mer glissant entre les orangers, les vignes, les cyprès, les oliviers, qui les lave et les

essuie sans cesse, conserve l'apparence
d'une extrème jeunesse à ces édifices; on
est étonné que l'homme meure dans ce
climat qui ne fait rien vieillir, pas même
le marbre.

IV

L'édifice dont nous parlons avait exté-
rieurement ce caractère de candeur lapi-
daire et de jeunesse bien peu en rapport
avec sa destination; car les réponses de
notre postillon, interrogé par nous sur son
usage, nous apprirent, à notre extrème
étonnement, que c'était un dépôt central de
mendicité, de correction de vices, établi là

pour tout le royaume, et principalement consacré à l'éducation morale des jeunes filles du pays ayant manifesté des dispositions inquiétantes pour leurs familles, une prison pénitentiaire, pour tout dire d'un mot, tenue, sous l'inspection des moines, par la charité et quelques religieuses peu sévères.

Nous comprîmes à l'instant le caractère à la fois de reclusion et de gaieté qui nous avait frappés sur ces gracieuses physionomies.

V

Nous descendîmes de voiture un moment pour nous rapprocher des murailles et pour

contempler de plus près ces belles recluses.
Nous remplîmes les paniers qu'elles nous
tendaient de fruits, de gâteaux, de pain
blanc que nous avions fait mettre, le matin,
dans les poches de la voiture pour les be-
soins de la route, et de quelques *carlini*,
pièces de monnaie qui furent reçues avec
reconnaissance. Nous causâmes avec plusieurs des détenues, et nous leur demandâmes s'il était permis aux étrangers d'entrer dans leur prison et de leur apporter
quelques aumônes.

« Non, signor, nous répondirent-elles;
à moins que le supérieur du couvent ou la
mère des recluses ne le permette et ne les
accompagne. »

Nous nous retirâmes, frappés d'une telle
admiration pour cette collection merveil-

leuse de figures, presque toutes si enchan-
teresses, qu'un harem de Perse ou de Constantinople n'aurait rien réuni de plus accompli.

VI

Une seule de ces jeunes filles, une des
plus ravissantes, mais la plus solitaire et la
plus recueillie de toutes, ne nous jeta ni un
geste, ni un mot, ni un regard, tant elle
paraissait plongée dans une inexplicable
mélancolie. Elle semblait enfermée à part,
dans une espèce de secret éclairé par une
grande fenêtre, mais séparée, à l'intérieur,
de ses compagnes, par un gros mur dont la

porte était fermée au moyen de lourds
verrous.

Elle travaillait, sans lever les yeux de
dessus son ouvrage, devant une petite table
couverte de dentelles communes pour l'u-
sage des femmes pauvres de la campagne;
sa main s'élevait ou s'abaissait continuelle-
ment, comme par un ressort mécanique;
mais sa pensée paraissait être ailleurs. On
eût dit qu'elle n'entendait pas les causeries
et les rires de ses compagnes, et qu'elle
s'entretenait avec l'invisible souvenir de
quelque malheur ou de quelque crime
passé.

Ses traits, calmes cependant, avaient l'expression du remords sans crime; une rési-
gnation pieuse mais inconsolable en faisait
le fond. On n'apercevait la couleur de ses

yeux bleus, contrastant avec ses cheveux
noirs, qu'à la dérobée, au moment où son
regard était forcé de s'élever avec sa main
maigre et blanche, qui tirait en haut la
navette au-dessus du coussinet où s'enrou-
lait sa dentelle. Son front, légèrement
bombé par devant, s'aplatissait vers les
tempes; l'ovale régulier de ses joues était
un peu déprimé au milieu; les coins de sa
bouche, affaissés, portaient l'empreinte des
sanglots qui avaient longtemps attristé ses
lèvres; une pitié profonde l'enveloppait tout
entière, malgré sa jeunesse, comme le linceul de marbre dont l'habile sculpteur napolitain a revêtu le corps intact du beau
jeune homme enseveli dans la chapelle de
San-Severino à Naples. Cette pitié était tellement communicative, qu'on ne pouvait

plus penser à toutes ces belles jeunesses rieuses. du moment qu'on avait porté les yeux sur cette touchante énigme de la douleur. Personne n'aurait osé lui adresser la parole pour l'interroger ; on aurait cru commettre une profanation ; on sentait, sans qu'elle le dit. qu'elle avait un secret à taire.

Aussi. nous nous éloignâmes en silence dès que nous l'eûmes aperçue. et ce ne fut qu'après un moment et lorsque nous fûmes remontés un peu loin d'elle. le long des fenêtres du bâtiment. que nous montrâmes du doigt aux détenues sa fenêtre solitaire. et que nous leur demandâmes à demi-voix :

« *Che è questa ?* (Quelle est celle-là ?)

— Oh ! nous répondirent-elles, *questa è una lunga storia !* (Celle-là, c'est une longue histoire !) »

Et elles se mirent un doigt sur la bouche, comme pour la fermer.

Nous les saluâmes. et nous rejoignîmes notre voiture. dont le postillon était remonté à cheval, pour prendre à gauche un chemin à travers les vignes et pour nous conduire . à l'auberge lointaine qu'on appelle la *villa de Cicéron*.

VII

La villa de Cicéron, construite sur un plateau avancé, non loin de la mer. ressemble bien plus à une antique maison de campagne romaine ressuscitée de ses cendres qu'à une hôtellerie. Le plan du bâtiment est majestueux ; des portiques voûtés et frais le précèdent; de belles colonnes supportent les voûtes; de vastes salles, qui ouvrent sur l'horizon de la mer, les suivent; ces salles sonores donnent accès à des séries d'appartements plus habitables, où l'on dresse, sur des lits de fer, les couches des voyageurs. L'air rafraîchissant du soir y entre librement. en agitant perpétuellement les rideaux des ouvertures.

L'éloignement de Gaëte et la cherté du prix de l'hôtel, où l'on vient plutôt séjourner, pour une saison d'été, de Rome ou de Naples, que loger pour un soir, rendent ordinairement l'auberge déserte. Il n'y avait, ce jour-là, personne que nous. Les cuisines étaient froides et vides; les serviteurs, en congé; les grandes salles, muettes. Nous eûmes le choix des appartements, et, quand la femme de chambre eut conduit sa maîtresse malade dans son lit qui devait la retenir plusieurs jours, je commandai au maître mon repas, composé de poisson frais pêché dans le vivier de Cicéron, et je sortis seul, pour visiter le site au clair de la lune, plus lumineuse qu'un jour des Gaules ou de la Grande-Bretagne.

Je marchai à droite, sous de hautes treilles de vigne et sous des orangers en fleur, qui dirigent leurs avenues du côté des flots.

VIII

C'est un des lieux les plus enchantés que les plus beaux sites d'Italie, de Sicile, de

Grèce et d'Asie Mineure aient jamais offerts à mes regards.

La colline sur laquelle est construite la villa de Cicéron, occupe précisément la place de l'ancienne maison de campagne où périt le grand orateur, le grand philosophe, le grand consul, le premier écrivain du monde, rassasié de gloire, martyr de l'envie, dégoûté de combattre et même de fuir pour prolonger d'un jour sa fastidieuse existence.

IX

Je puis dire que je me promenais avec Cicéron. Ces lieux, empreints de ses pas,

me le rendaient à toutes les minutes. Sa douleur de la fin de la République, morte avant
lui sous l'entreprise heureuse de César,
qu'il ne pouvait s'empêcher d'estimer et
d'aimer dans son crime; son hésitation à
mourir de la mort stupide et obstinée de
Caton, quand il pouvait être encore utile à
sa patrie, après César, s'il lui survivait; la
clémence aimable de ce dictateur, qui lui
écrivait de revenir en toute sécurité; sa rentrée à Rome, d'abord furtive et presque honteuse, comme s'il eût eu la pudeur du genre
humain à porter tout seul sur son front; son
séjour à la campagne, entre la philosophie
et les lettres; sa fuite sur la mer, le matin;
son repentir de son retour; à midi, son
second départ, sous de sinistres auspices,
au jour tombant; sa rencontre avec le tri-

bun militaire exécuteur de la vengeance de ses ennemis, son cou tendu, sans phrases, au glaive, comme pour une délivrance de la vie : tout cela m'apparaissait comme une réalité d'hier. J'entendais les pas des égorgeurs dans l'avenue; je voyais fumer le sang du grand homme sur la litière.

X

Tout en m'entretenant d'esprit avec l'adversaire de Catilina, de Clodius, de César, de la démagogie et de la servitude, je descendais à pas lents les degrés pierreux qui aboutissent à l'anse de la Marine, où, le jour de sa mort, sa galère vide se balançait sur les flots.

Il n'y avait plus rien, que le flot lui-
même, le flot plane et tranquille, comme si
rien ne s'y était passé; j'y trempai mes
pieds et mes mains, comme un enfant qui
joue avec le sable.

XI

Un sourd murmure d'eau qui suinte, qui
s'engouffre et qui, par un mouvement alternatif et intermittent, se dégorge d'un bassin,
m'attira, à quelques pas de là, sous l'ombre
plus opaque du rocher de la rive.

Une espèce de grotte, moitié naturelle,
moitié construite de main d'homme, s'ouvrait à côté de moi. J'y entrai, et je m'assis
sur la margelle de pierre taillée entre la mer

et le vivier. Elle contenait quelques vagues
sombres d'eau salée, emprisonnées par le
rebord du rocher, et qu'un petit cânal souterrain renouvelait et laissait fuir tour à
tour, comme le jeu d'un siphon. Un lit de
sable fin et bleuâtre lui servait de fond. On
y distinguait quelques petits poissons-épics,
nullement effrayés par l'ombre de l'homme,
qui fuyaient, revenaient, jouant entre eux
comme des oiseaux dans leur cage.

Un pêcheur qui passa par là, traînant son
filet hors de sa barque, me dit que cette
caverne humide était le vivier Cicéron, qui
venait y composer ses harangues dans les
temps anciens. Je le remerciai, et je restai
longtemps seul, réfléchissant à l'éternité
des plus simples ouvrages de la nature et à
la brièveté de l'homme.

La nuit seule m'arracha de ce site, d'où
je voyais, en penchant légèrement la tête,
la vaste mer du golfe de Gaëte rétrécir ses
bords plongés dans la brume, et cette
brume, colorée par le couchant, s'enflammer
comme un incendie des eaux, dont les re-
flets allaient, vers le milieu du golfe, se
rejoindre avec les premières étoiles.

XII

Quand je rentrai à l'hôtel, la jeune
malade dormait. Le vieux médecin de Gaëte,
qui était venu pendant mon absence, avait
recommandé qu'on ne la réveillât pas, et il
n'avait pas dissimulé à la femme de chambre

que la moindre agitation physique ou morale pourrait être funeste à sa petite fièvre nerveuse, dans cet état, et que le meilleur remède serait quelques jours d'un repos complet, dans cet air vif et tiède de la mer au bord des montagnes.

Je me décidai facilement à essayer ce régime pour hâter la convalescence d'une personne qui avait commis l'imprudence de se mettre en route malgré son état de langueur, et qui m'intéressait vivement.

Après mon rapide souper de poisson et de fruits, je passai ma soirée dans la grande salle, tantôt à m'abreuver d'une eau glacée par la neige de Sicile, tantôt à errer sous les portiques à colonnes, et à contempler, de là, les mille accidents de lumière et d'ombre que les lueurs argentées d'une lune d'été promenaient sur les dents des roches, sur les broussailles de myrtes et dans les anfractuosités des montagnes.

— Quel pays! me disais-je; comment n'y pas vivre, et comment s'y résoudre à mourir!

Je ne me couchai que tard dans la nuit, et les ravissantes figures entrevues aux fenêtres de la maison d'asile correctionnel de Molo-di-Gaeta, et le visage mélancolique et énigmatique de la recluse, flottèrent toute la nuit devant mes yeux, entre la veille et le sommeil, comme les rêves d'Orient d'un poëte de Perse devant les murs festonnés d'un harem dans les jardins d'Ispahan. De tels songes ne valent rien au repos des sens.

Cependant, je l'avoue, les charmants vi-

sages s'effaçaient vite l'un par l'autre devant
mes yeux mal fermés ; mais la triste expression de la jeune captive, ses yeux baissés,
sa main blanche élevant et abaissant sa navette sur son monceau de dentelles, et surtout une image commune et populaire, que
j'avais vue collée aux murs de sa cellule,
m'obsédaient, quoi que je fisse. Cette image,
entourée d'une complainte que je n'avais pu
lire, représentait une femme sur l'échafaud,
entourée de prêtres, et tendant le cou au
glaive du bourreau qui allait la frapper de
mort. Le plaisir se lasse, la curiosité est
insatiable tant qu'elle n'est pas satisfaite.
J'y revenais toujours et je bâtissais dans
mon imagination mille hypothèses pour
m'expliquer la longue histoire dont le doigt
posé sur les lèvres des recluses m'avait in-

terdît la connaissance. Le soleil même du
matin ne me calma pas.

XIII

La nuit de ma compagne de voyage avait
été bonne. Elle ne souffrait plus que d'une
extrême faiblesse ; l'oppression avait dimi-
nué. J'eus peu de peine à lui persuader de
prolonger d'une quinzaine de jours notre
halte dans ces beaux lieux, dont je lui racontai rapidement les merveilles et les
charmes, qu'elle entrevoyait par sa fenêtre
au-dessus de la mer. Rien ne nous pressait,
je l'ai dit. Les quinze jours passés à la villa
de Cicéron valaient bien quinze jours passés
sur la place d'Espagne. chez Cerni, dans

une auberge bruyante de Rome. Elle en
convenait. Le vieux médecin, en arrivant,
nous confirma l'un et l'autre dans cette
idée. Nous ne parlâmes plus de partir.

La curiosité de la charmante malade
n'était pas moins vive que la mienne. Il fut
convenu, pour ménager son repos, que le
médecin m'emmènerait seul avec lui à
Molo-di-Gaeta, qu'il me présenterait au supérieur de la maison de refuge; que je
visiterais, sous ses auspices, l'établissemeht
dans tous ses détails; que je tâcherais d'obtenir quelques lumières sur la recluse, objet
de notre plus vive sollicitude; que je pren-
drais des notes sur sa faute et sur sa peine,
et que je rapporterais à ma compagne tout
ce que je pourrais recueillir sur cette mys-
térieuse inconnue.

XIV

Le médecin m'emmena, après le déjeuner, dans sa voiture, à la ville. Nous descendîmes à la maison de refuge. Le supérieur était un vieux moine d'environ quatre-vingts ans, d'une physionomie qui avait dû être belle et qui conservait, sous sa couronne de cheveux blancs, la grâce et la mansuétude de ses jeunes années.

— Je comprends très-bien, me dit-il, quand je lui eus expliqué le principal objet de ma visite, que vous soyez tenté de sonder cette âme énigmatique, dont les secrets ne sont connus que du père confesseur ; il paraît avoir un respect réel pour cette pauvre enfant, et ce respect inspire pour elle à ses compagnes une pitié tendre qui semble combattre l'horreur de son prétendu crime. Je ne vois nulle objection à ce que vous entriez dans sa cellule avec la sœur converse, pour laquelle elle a beaucoup d'amitié. Comme elle a laissé dans le bagne de Sicile un brigand avec lequel elle n'a aucun espoir de se marier, mais dont elle doit désirer d'adoucir le sort par l'intervention d'un homme puissant tel qu'on dit ici que vous l'êtes, je ne doute guère qu'elle ne vous fasse, après un certain temps, des confidences propres à jeter du jour sur son passé. Je vais prévenir la sœur Angélique, sa gardienne et son amie, de lui parler de vous comme d'un intercesseur qui peut influencer, en faveur

de son malheureux ami, la clémence du
gouvernement de Naples.

XV

Cela dit, le supérieur me conduisit avec
bonté dans toutes les salles de l'édifice,
parmi ce jeune troupeau de femmes, dont
les charmes et la gaieté me frappèrent
moins que la veille. La légèreté de l'âme
dans le malheur enlève au malheur lui-
même une partie de son intérêt. L'étranger
ne peut sentir longtemps ce qui n'est pas
senti assez par les victimes. Il y a, dans le
rire à contre-sens, une certaine impudeur
qui choque à la longue l'homme sensé. A
quoi sert le malheur si on ne le sent pas?

Après avoir échangé quelques propos légers avec ces jolies enfants et distribué une bonne part d'aumônes entre elles, je me rapprochai insensiblement de l'angle désert de l'asile où la sœur Angélique m'avait précédé. Le supérieur l'appela, me remit à ses soins, et j'entrai, timide et hésitant, dans la cellule de la recluse.

Ma vue la fit rougir comme le soufflet du bourreau sur les joues de Charlotte Corday fit rougir celle-ci après sa mort. Tout le sang de son cœur monta à son front. La présence d'un étranger à qui il fallait parler pour être utile à l'homme qu'elle avait aimé et dont la peine ajoutait à sa peine, la remit, pour ainsi dire, en face de son crime. La navette et la dentelle s'échappèrent de ses mains, et, après avoir rougi, elle

devint plus pâle que la rose blanche qui
fleurissait entre les barreaux de sa fenêtre.

— Antoniella, lui dit, en la soutenant du
bras, la sœur Angélique, voilà le seigneur
qui vous a remarquée hier, par la permission de la Providence, en passant sur la
place, et qui a obtenu du père supérieur
de pouvoir s'entretenir avec vous au sujet
de qui vous savez.

Elle jeta un humble regard sur moi. En
me voyant plus troublé qu'elle, elle se ras-
sura assez pour m'adresser la parole, avec
un tremblement de voix qui tinta jusqu'au
fond de mon âme.

— Lorenzo! vous le connaissez?... Que
Dieu vous bénisse! ajouta-t-elle sans attendre de réponse. Oh! comment est-il main-

tenant? Vous a-t-il parlé de moi? A-t-il reçu la lettre où je lui fais ma confession. et où je lui rends sa parole?

Puis elle se tut, jeta un regard mouillé sur l'image de la jeune femme marchant au supplice, collée contre le mur. et attendit ma réponse.

Je ne voulais pas mentir en lui répondant affirmativement. au risque de tromper sa candeur.

— Je vous dirai tout cela, répondis-je en faisant courir ma parole sur mes lèvres, comme si je réservais ma réplique pour un autre moment. Mais il convient que je sache auparavant de vous-même quelles sont les raisons secrètes qui vous ont déterminée à renoncer à lui. Ces raisons me serviront. peut-être, soit à lui faire rendre la liberté.

soit à préparer votre bonheur avec lui, à
l'expiration de votre peine.

— Ah! ne parlez pas de bonheur pour
moi sur la terre, dit-elle en élevant son regard vers la voûte de son cachot ; il n'y en
a jamais eu, il n'y en aura jamais pour moi
avant ma seule expiation complète : la mort!
J'ai eu un moment d'illusion mensongère et
coupable; j'ai cru pouvoir faire le bonheur
d'un autre, quand je ne pouvais pas en
avoir en moi-même. Cela n'a pas duré plus
que ne dure un rêve, monsieur; ce rêve a
été détruit par la main de Dieu, qui ne veut
pas que le coupable jouisse, ni en lui, ni
dans les autres; cette main s'est appesantie
sur moi et sur Lorenzo, que je cherchais à
tromper par mon silence, et à qui enfin j'ai
été forcée de tout révéler... hélas! trop

tard! car son erreur lui a valu l'emprison-
nement et le bagne en Sicile!... N'en parlons plus, monsieur. J'ai tué l'une; j'ai
conduit l'autre à un long supplice... Ah! je
me fais horreur! Mais, si vous parveniez
à le délivrer, monsieur, et à le rendre.
après qu'il m'aurait pardonné, à sa famille,
la moitié de mon supplice serait oublié!

XVI

Je vis que, par hasard et sans l'avoir
cherchée, je tenais dans ma main la clef
de cette conscience d'enfant, et qu'à l'aide
de cette supercherie innocente et du nom
de Lorenzo, que je me promettais de sou-

lager, s'il était possible, plus tard, je pouvais m'insinuer au fond de cette histoire. Mais, encore une fois, le mensonge me répugnait, et, quand elle leva sur moi ses yeux étonnés et me demanda tout à coup en tremblant :

— Vous le connaissez donc, Lorenzo?

— Non, lui répondis-je; mais je puis le connaître quand cela lui sera utile; et tout ce que vous consentirez à me dire ici, vous pouvez le considérer comme dit littéralement pour lui, et il le saura aussi bien que moi-même. De plus, je puis avoir une puissante influence sur la justice ou la clémence du gouvernement de Sicile à son égard. Son sort est peut-être ainsi, en ce moment, dans vos mains. Vous connaissez sans doute mieux que tout autre le secret ou l'excuse de la faute qui l'a conduit enchaîné où il est; et son honneur et sa liberté peuvent être le résultat de cette confidence.

— Oh! c'est vrai, dit-elle; pourquoi ses juges ne m'ont-ils pas entendue! Je serais plus coupable, mais il serait libre!

— Eh bien, repris-je, il est temps encore. Parlez, devant la sœur Angélique et moi, comme vous auriez parlé devant ceux qui ont condamné Lorenzo; et soyez sûre qu'ils liront votre confession comme nous l'entendrons nous-mêmes. J'ai une quinzaine de jours à passer ici pour donner à une chère convalescente le temps de se guérir complétement. Si je pouvais, en même temps, donner quelque soulagement à votre âme malade, je remercierais deux fois le ciel ; car les maladies de l'âme se guérissent par la parole ; et plus il en coûte de parler, plus la guérison est certaine.

— C'est bien vrai, reprit-elle, mon confesseur me l'a bien dit ; et je n'ai éprouvé quelque repos, depuis mon crime, qu'après m'en être accusée avec larmes, et déchargée ainsi devant Dieu et ses saints.

— Eh bien, lui dis-je, ce repos que vous avez obtenu de Dieu, vous pouvez l'obtenir des hommes. Réfléchissez si vous me jugez digne de votre confiance, si vous devez m'ouvrir votre âme et faire servir vos aveux à adoucir le sort de votre ami Lorenzo. Et, dans le cas où il vous en coûterait trop de parler à un étranger de choses secrètes face à face, confessez-vous à la sœur Angélique que voilà ; oubliez qu'une autre oreille que la sienne vous écoute; laissez-moi dans l'ombre, et ne voyez qu'elle. Toute honte ou toute timidité vous sera ainsi épargnée; vous n'aurez raconté vos malheurs ou vos fautes qu'à cette amie devant laquelle on ne rougit pas. Je resterai caché derrière ce rideau de votre lit; j'aurai un crayon pour noter les détails importants de votre vie; et, quand vous aurez tout dit, tout sera écrit comme par l'invisible main d'un esprit sans corps. Le voulez-vous?

Elle réfléchit encore un moment, comme indécise. La sœur Angélique lui dit tout bas quelques mots, sans doute dans le même sens, en lui promettant la discrétion de la grille du confessionnal. qui entend tout et ne se souvient de rien.

— Oh! monsieur, s'écria-t-elle tout à
coup, comme si un ange lui eût ouvert les
lèvres, oui, si cela peut sauver Lorenzo,
je surmonterai tout, même la honte, et
j'aurai le courage de remuer au fond de
mon cœur ce bourbier d'infamies, dont le
seul souvenir, maintenant que je ne suis plus
dominée par la passion qui me possédait et
m'aveuglait alors, se répand sur mon âme
comme une odeur de *mal'aria!* Encore ce
sacrifice pour expier ma vie, et pour en
sauver une plus précieuse que la mienne!...
Venez demain, ajouta-t-elle; mais venez
tard, à l'heure où le jour baisse et où je
pourrai croire que je ne parle qu'à Dieu
et à la sœur Angélique; car le grand jour
pénètre comme un glaive dans le cœur des
criminels tels que moi; l'ombre de leur

perversité est trop forte en plein soleil, et, en lisant sur les traits d'autrui l'horreur de leurs actes, ils ne peuvent ni s'avouer coupables, ni se repentir; ils s'indignent contre eux-mêmes, et ils aiment mieux se taire et mourir que de se sauver et sauver les autres en continuant à parler.

XVII

Je compris cette haine de la lumière du jour dans cette âme; je me retirai silencieux avec la sœur Angélique.

Je racontai au vénérable supérieur du monastère l'entretien que nous avions eu avec la recluse; il comprit charitablement

lui-même les délicates conditions que la
malheureuse avait désirées pour ses aveux.
Il fut convenu que, le lendemain, au soir
tombant, la sœur Angélique et moi, nous
serions introduits dans la cellule; que je
ne me laisserais pas voir, caché derrière
le rideau du lit de la jeune fille, et que la
sœur Angélique seule s'assiérait entre la
fenêtre et Antoniella, pour écouter tout ce
qui pesait sur l'âme de la coupable.

Ces conventions faites, je regagnai la
villa de Cicéron. J'y trouvai ma compagne
de voyage, à qui je fis le récit de ma
journée. Nous passâmes la soirée à faire
des conjectures plus ou moins probables
sur la vie d'Antoniella.

XVIII .

Après avoir choisi pour elle un des sites les plus enchanteurs et les plus abrités de la côte, et l'avoir fait porter, comme jadis la fille de Cicéron, sous quelques figuiers noirs de feuillage, au-dessus du vivier, je lui laissai quelques volumes de lettres du grand homme, qu'elle aimait à parcourir avec moi, dans les lieux mêmes où elles avaient été senties avant d'être écrites; je remontai en corricolo, et je me fis conduire au pénitencier de Molo-di-Gaeta.

Le soir tombait rapidement à mon ar-

rivée; il n'y avait presque plus de lumière
quand nous entrâmes, sans bruit, la sœur
Angélique et moi, dans la cellule d'Antoniella. Je me glissai, avant que la jeune
fille pût me voir, derrière le rideau blanc
de sa couchette, et je m'assis sur le prie-
Dieu du pied de son lit.

XIX

—Tu sais ce que tu nous a promis hier,
lui dit de sa douce voix la sœur Angélique.
Quelqu'un t'entend; mais seule je verrai
ton visage. Moi, je ne suis personne; je
suis morte au monde, comme si je n'avais
jamais vécu. Je comprends toutes les pas-

sions, toutes les fautes, toutes les misères
de la terre, sans m'étonner de ce qui est
poussière dans l'argile humaine. Je t'aime
pour tout ce qu'il y a de touchant en toi ; je
t'aimerai davantage pour tout ce qu'il a pu
y avoir de coupable, même de criminel.
Qu'est-ce qu'il y a de criminel irrémissible
en nous, ma pauvre Antoniella? Le crime
véritable n'est que la volonté perverse de
faire le mal pour l'amour dépravé du mal ;
et encore le rachète-t-on par le remords qui
punit, et par la pénitence qui absout. Mais,
quel que soit le crime de ta vie, appelé de
ce nom de crime par ce monde et par ses
juges, je suis bien sûre que, si quelques-
uns de tes actes portent ce nom de crime
ici-bas, ils ne le portent pas là-haut, où
l'on juge les intentions. Tu as pu offenser

les hommes, tu as pu offenser la vérité, tu as pu offenser la justice humaine; mais tu n'as jamais voulu offenser Dieu, ton créateur et ton sauveur; non, cette perversité n'a jamais pu entrer dans ton cœur : autrement le rayon de tes beaux yeux ne serait pas resté droit et ferme comme il est, et tes beaux traits se seraient pervertis de la perversion de ton âme, au lieu d'être restés voilés par la douleur, et non désordonnés par l'égarement du cœur. Ne crains donc pas de m'avouer tes fautes. Comment ne pardonnerais-je pas ce que Dieu a pardonné avant moi?

La douceur de l'accent de la sœur Angélique ajoutait encore à la persuasion de son discours. J'entendis les soupirs d'Antoniella finir en sanglots mal contenus. Enfin elle parla, d'une voix aussi basse que celle de la pénitente aux pieds de son confesseur; mais le silence de la maison et des cours était si profond, et mon attention si vive, que j'aurais entendu jusqu'aux battements de ses tempes contre les parois de son front. Je notais de temps en temps un mot de son récit, pour pouvoir le recomposer le lendemain à loisir, sans y rien ajouter et sans y rien omettre.

Le voici. Figurez-vous que vous l'entendez vous-même de la voix monotone et brisée de la pauvre enfant.

. . . .

XX

— De toute ma famille, dit-elle, je n'ai jamais connu que mon père. Il était de Sicile, de la petite ville dans la montagne de Caltanisetta, dont il aimait tant à parler avec moi et avec les Siciliens qui venaient parfois à sa boutique à Naples. Voilà pourquoi il n'avait aucun parent dans le royaume. Il était sorti tard de son île, pour servir sur un bâtiment du roi, qui faisait la guerre aux Barbaresques.

Fait prisonnier après un naufrage sur la côte du Maroc, il fut emmené dans l'intérieur des terres et employé, pendant qua-

torze ans, à garder les troupeaux de chameaux de son maître. Celui-ci, content de
ses services, lui confia la surveillance de
son harem. Heureusement ou malheureuse-
ment, ce que l'amour de la liberté n'avait
pu faire, c'est-à-dire l'engager à fuir,
l'amour pour une enfant du harem, fille de
son maître, lui donna le courage de l'en-
treprendre. Il l'avait vue naître, il l'aima
quand elle grandit; l'enfant perdit sa mère,
il s'y attacha davantage, et l'orpheline
s'attacha également à lui. Il était encore
jeune, il était seul à la voir, il en avait le
soin qu'une tendre nourrice prend à l'enfant qu'elle a élevé; son père, absorbé par
les autres femmes de son harem, la négli-
geait : ils s'aimèrent sans se douter qu'ils
s'aimaient.

Mon père, qui emmenait souvent avec
lui la jeune Arabe dans les montagnes où
il faisait paître ses chameaux, l'entretenait
de ce beau pays où les femmes sont libres,
et où la vie est heureuse sous un beau ciel
au delà des mers. Ils se résolurent à fuir
du Maroc. Une chamelle rapide les emporta tous deux vers la côte qui regarde
l'Espagne. Ils s'embarquèrent sur une felouque napolitaine qui chargeait du corail,
et qui les amena, comme des esclaves dé-
livrés et convertis, à Naples.

Mon père épousa la jeune fille, et, comme
il avait les longues économies de son esclavage et quelques bijoux de sa femme en
sa possession, il acheta une maisonnette
isolée de la haute ville, entourée de figuiers
et d'orangers du côté du jardin, et ouvrant

de l'autre côté, sur la rue; maison toute
semblable à une maison arabe, dont la
cour était sur le toit, et dont les hautes
murailles dérobaient la femme aux yeux du
passant.

Ils y vécurent seuls et très-heureux pendant quelques années; comme ils ne se
parlaient qu'arabe, la femme n'avait aucune relation avec les pauvres habitantes
des maisons voisines. Les hommes ne con-
naissaient que mon père, auquel ils donnaient, de temps en temps, commande de
chaussures en cuir du Maroc, et de petits
sacs de maroquin à mettre leur provision
de tabac. Il exerçait donc la profession de
cordonnier pour les matelots du rivage, et
il gagnait assez dans cette profession pour
que sa maison fût sur un pied convenable,

et pour entretenir même une jeune servante, pauvre fille de Procida qu'on appelait Annunziata.

XXI

Je naquis dans la première année du
mariage de mon père; mais, hélas! tout le
bonheur de cette maison sembla s'en aller
peu de jours après que je fus entrée dans
la vie! Ma pauvre jeune mère, très-heu-
reuse jusque-là, et qui chérissait double-
ment son mari, comme père et comme
époux, prit la fièvre de lait et mourut en
rêvant le harem, les montagnes et les cha-
melles de son pays. Mon père, à qui cette

mort enlevait à la fois sa fille et sa femme,
car il avait pour elle ce double sentiment
dans son cœur, ne songea jamais à se re-
marier. Il continua pour moi sa petite in-
dustrie de cordonnier en maroquin, d'où
lui vint, dans le faubourg du Pausilippe, le
nom de *Moresque*, bien qu'il n'eût été
qu'esclave en Afrique.

XXII

Annunziata, qui n'avait que neuf ans
quand ma mère mourut, prit soin de moi
comme une seconde mère. La nécessité
mûrit le cœur; elle ne permit pas à mon
père de chercher une nourrice; elle lui fit

acheter une chèvre, du lait de laquelle elle
me nourrit en me le faisant sucer au bout
de son doigt, jusqu'à ce qu'elle m'eût appris à sucer le pis lui-même. Mon pauvre
père ne cessait de pleurer la perte de sa
femme, son unique amour. Il commença,
dès ce temps-là, à se décourager du travail
et à dépenser peu à peu son épargne ; il fit
des dettes sans être sûr des moyens de les
payer. Il se mit même quelquefois à boire
pour oublier son chagrin ; cependant c'était
rare, et il ne s'enivra jamais tout à fait. Il
était plus résigné quand il sortait, après
avoir prié, des chapelles qui sont dans le
voisinage, sur le quai alors désert de Chiaja.
Sans la servante Annunziata, qui était pour
lui comme une seconde fille et une seconde
femme, notre maison eût été, dans ces pre-

mières années de ma vie, bien triste entre
lui, Annunziata et la chèvre, ma nourrice,
que nous gardions par reconnaissance.

Je grandissais cependant, et je commen-
çais à rendre quelques petits services à mon
père. Je coupais le maroquin, quand il consentait à travailler un peu, et Annunziata
m'apprenait à coudre les empeignes aux se-
melles, ou les paillettes de laiton sur le
cou-de-pied des souliers de femme.

XXIIi

Mais, quand Annunziata eut seize ans,
elle commença tout à coup d'embellir,
comme ces fleurs tardives de notre jardin,

à l'ombre, qui éclatent subitement sous leur mur, et qui se font, bon gré, mal gré, regarder, parce que le bon Dieu donne son jour à toute chose. Elle fut remarquée par un pauvre soldat, jeune encore, mais invalide, qui avait été grièvement blessé d'un boulet dans un combat naval, et qui était entré, pour se faire chausser économiquement, dans la boutique du faubourg. Il parut se complaire à causer avec Annunziata, qui, de son côté, ne parut pas le voir de mauvais œil. Ils riaient ensemble; ils se racontaient leur vie.

Le jeune invalide n'était privé que d'un bras; il avait une pension de deux cent cinquante écus du gouvernement, pour le reste de ses jours. Ces deux cent cinquante écus, mangés en commun avec une femme, suf-

firaient bien pour nourrir deux personnes,
si la femme était alerte et laborieuse. Ils
calculèrent pendant six mois entre eux ces
chances d'aisance dans un ménage, sur le
pas de la porte; ils finirent par être convaincus de leur opulence et par former le
projet de se marier ensemble. aussitôt
qu'Annunziata me verrait assez forte pour
suffire au service d'une maison.

Six mois après, elle nous quitta pour
suivre son mari dans le quartier éloigné de
la ville qu'il habitait, dans le voisinage des
vivandiers et des blanchisseuses de gros,
aux alentours du cimetière de San-Martino,
bien haut dans la vieille ville. Ils nous pro-
mirent de venir nous voir tous les dimanches. Le repas de noce se fit à la maison,
par les mains de la nouvelle mariée elle-

même. Ce repas fut long et gai. Mon père déboucha, pour l'invalide et pour la bonne servante, la dernière fiasque de vin de Sicile qu'il avait rapportée de son pays ; il en but lui-même ; il m'en fit goûter.

La tristesse de cette séparation ne commença à nous apparaître que quand nous fûmes seuls, mon père, la chèvre et moi, après le départ des deux époux.

XXIV

Ils furent exacts à tenir leur promesse pendant les premiers mois de leur union. Tous les dimanches, Annunziata, belle et radieuse, nous amenait son mari ; et nous allions, après le dîner, nous promener sur la montagne, ou nous asseoir tous les quatre au bord de la mer, en face de la petite île de Procida, du côté de Pouzzoles.

Annunziata m'enseignait à lire, comme son mari, qui s'était instruit à l'école du régiment, le lui enseignait à elle-même. Elle me disait que cela serait utile à mon père, qui ne calculait le prix de son cuir et ce que lui devaient ses pratiques, que sur des bûches de bois d'olivier du Pausilippe. Je faisais des progrès rapides, par le bonheur que je ressentais de lui faire plaisir, et dans l'espoir d'assister bientôt mon père.

Nous ne sentions la solitude et la tristesse que le soir, en rentrant à la maison. Mais la vie encore avait ses douceurs quand

mon père chantait quelque romance moresque en travaillant au soleil, quand je
cousais à côté de lui, et que la chèvre,
joyeuse, quittant l'herbe du jardin à ma
voix, venait mordiller mon fil et gambader
dans la boutique.

XXV

Mais Annunziata, embarrassée par sa
grossesse, venait de moins en moins, depuis quelques mois. Puis la naissance de
deux enfants, puis les soins de la nourriture
et la garde du ménage, puis la maladie de
l'invalide son mari, dont la blessure s'était
rouverte, ralentirent nos relations, sans tou-

tefois refroidir nos cœurs l'un pour l'autre.
La vieille amitié resta; mais beaucoup de
cendre comme celle de Pompéi la recouvrait.
Nous finîmes par ne plus nous visiter du
tout. Ce n'était pas indifférence. c'était impossibilité.

Je ne sortais plus moi-même. Mon père
vieillissait; rien ne vieillit un homme comme
de déraciner son cœur d'un autre cœur
glacé par la mort, quand il est trop âgé
pour jeter de nouvelles racines dans un autre terrain. Il ne pouvait se consoler de la
mort de ma mère; il n'aimait plus que moi
au monde; mais il sentait bien que cette
unique et solitaire affection ne tarderait pas
à lui manquer aussi, et que. puisque Annunziata la servante l'avait quitté pour un
jeune invalide. il viendrait un jour où un

autre prétendant lui enlèverait son trésor !

Il ne voyait pas d'un bon œil ces jeunes matelots de Chiaja, avec leurs jambes demi-nues, leur ceinture de marin serrée autour de la taille, et leur bonnet de laine rouge laissant passer sur la nuque les mèches de leurs blonds cheveux, entrer dans la boutique pour s'y commander des souliers du dimanche. Il craignait toujours que sa fille unique Antoniella ne fût frappée de leur bonne mine, comme Annunziata l'avait été par celle du jeune invalide manchot. Mais j'étais bien loin d'y penser !

XXVI

Je pensais uniquement à mon père, qui
s'attristait tous les jours davantage; sa
santé, qui, jusque-là, avait été bonne,
baissait sensiblement; ses jambes, atteintes
par la goutte, qu'il avait gagnée en couchant sur les montagnes du Maroc, au milieu de ses chameaux, éprouvaient des douleurs qui le forçaient à se coucher, et qui
lui enlevaient, quelquefois plusieurs jours
de suite, l'usage même de ses mains.

Bientôt sa maladie eut des accès plus
fréquents; puis les accès devinrent continus
et ne lui laissèrent de libre que la voix pour

gémir. La porte de la boutique ouvrant sur la rue resta fermée; le peu de pratiques qu'il avait s'imaginèrent que le *calzolaio* était reparti pour son pays, et cessèrent de remonter à notre rue.

Je restais seule avec lui, assise tout le jour sur les marches de la porte du jardin, quand le soleil, l'été, donnait dans la chambre, et n'ayant d'autre distraction que la vieille chèvre, ma nourrice, couchée à côté de moi, triste comme moi!

XXVII

J'entendais souvent mon père pleurer tout bas, non de ses douleurs, mais de l'isolement de sa fille. Je pleurais alors aussi

5

en embrassant le cou de la chèvre et en es-
suyant mes yeux avec sa barbe.

Bientôt mon père ne put plus se lever de
son lit, ni même remuer pour se rendre à
lui-même le moindre service. Toute faible
et mince que j'étais, je fus obligée de le
prendre, comme un fardeau inerte, dans
mes bras, et de le porter au soleil, étendu
sur un coussin de feuilles, à côté de moi,
sur le seuil de la porte de la cour.

La vue du ciel et de la mer, les trois
orangers, les deux figuiers, le bourdonne-
ment de la ruche, dont les abeilles me con-
naissaient et se posaient sur moi sans jamais me faire de mal, lui donnaient
quelques distractions, pendant que les
grandes douleurs s'assoupissaient au soleil
dans ses membres.

Lorsque le jour baissait et que la rosée rendait l'air humide, je le reportais dans son lit, je prenais mon rouet, j'allumais ma lampe et je filais jusqu'à minuit à côté de lui. Il avait besoin de moi comme d'un de ses membres, et, à chaque service que je lui rendais comme une mère à son petit enfant, il me remerciait avec larmes et il m'embrassait avec effusion.

« O ma fille ! me disait-il souvent, tu as vraiment pour moi le cœur de ta pauvre mère. Que ferais-je sans toi ? Je n'aurais qu'à mourir. Tu me redonnes mille fois la vie que je t'ai donnée !

— Et pour quoi donc vivrais-je, lui répondais-je alors, si ce n'est pour vous rendre ce que je vous dois ? »

XXVIII

Jusque-là, cependant, nous ne souffrions pas trop de la misère. Mon père avait conservé sous son matelas, dans une bourse de maroquin, une assez forte économie qu'il avait amassée depuis quinze ans pour ma dot; de temps en temps, il m'y faisait prendre, écu par écu, de quoi acheter ce qui était nécesaire à notre pauvre petit ménage, ou plutôt le pain nécessaire pour moi avec le lait de la chèvre; car lui ne mangeait plus que quelques figues séchées que je lui faisais attendrir dans le lait, pour l'empêcher de mourir d'inanition.

Le médecin, vieillard pauvre et charitable, ne lui demandait rien pour ses visites. et il prenait même, sur son nécessaire le plus strict, tantôt une demi-fiasque de vin vieux qu'on lui avait donnée, tantôt quelques gouttes de *Rosolio* (liqueur du pays), pour relever un peu le cœur du malade. Mais la pitié est une grande aumône; il en était tout pétri. Accoutumé, dans ces quartiers déserts, à ne vivre qu'avec les pauvres, il les aimait comme ses parents. Son costume ne lui coûtait guère; soit qu'il craignît d'offenser, par trop de luxe, l'œil un peu jaloux de ses pratiques, soit qu'il épargnât, pour le donner, le peu de *grani* (gros sous de Naples) qui lui tombaient dans la main, ses souliers n'avaient de solide que la grosse boucle en cuivre qui recouvrait le cou-de-pied; la semelle, usée, laissait voir les doigts sous le cuir; ses bas bleus, au talon rongé, étaient raccourcis tous les mois, le mollet glissant peu à peu sous la plante du pied; ses culottes courtes, de velours vert râpé, avaient perdu leur couleur; son gilet, dont les poches, larges et tombant jusqu'à la ceinture, étaient gonflées de médicaments vulgaires contenus dans des morceaux de papier gris, lui donnaient une apparence d'obésité respectable; son habit, à gros boutons de métal ciselé et luisant, sa perruque qui le dispensait de chapeau, enfin, sa longue canne de jonc à pomme de cuivre bruni par le frottement de sa lourde main, le faisaient reconnaître de loin quand il venait rendre sa visite.

Il s'intéressait beaucoup à mon père et à

moi : à mon père, à cause de ses souffrances, qu'il étudiait comme un phénomène de
la goutte; à moi, à cause de ma jeunesse
et de ma tendre assuidité auprès de mon
père. Il ne s'en allait jamais sans m'avoir
embrassée sur le front, et, s'il ne nous laissait pas moins malades, il nous laissait plus
consolés.

XXIX

Le vieux médecin était ordinairement
suivi par un petit clerc d'environ seize ans,
qui lui portait, dans un sac de peau, ses
médicaments, ses simples, ses herbes, et

qui faisait son éducation sous lui. L'élève
connaissait aussi bien que le maître ce qui
convenait à ses malades; à celui-ci, la
mauve; à celui-là, la graine de lin; à cet
autre, la médecine ou le purgatif. Il venait
quelquefois tout seul s'informer comment
l'ordonnance avait opéré.

Mon père me dit, un jour, de lui offrir
quelques grani pour sa récompense. Je les
pris dans la bourse, et je lui tendis cet ho-
noraire. Il devint rouge, me regarda d'une
certaine manière qui voulait dire : « Vous
vous trompez, ou bien vous voulez m'offenser! » Et il refusa en retirant sa main de la
mienne, comme si c'eût été une vipère qui
l'aurait glacé en le touchant. Moi, de mon
côté, en voyant sa répugnance, je fus toute
confuse. Je retirai ma main, j'ouvris les

doigts, et les grani roulèrent à terre. Je ne
pus pas lui en vouloir.

XXX

Il s'appelait Lorenzo. Il n'était guère
mieux vêtu que son maître, bien que, par
état, il eût sur le dos un mauvais habit de
soie noire, acheté au marché des loques, et
signifiant qu'il voulait étudier la médecine.
Le reste de son costume, et ses pieds nus
sortant d'un pantalon de toile, signifiaient
aussi sa misère. Son chapeau calabrais était
rouillé par la pluie et le soleil ; ses membres étaient grêles et délicats ; ses cheveux
noirs, retombant, épars mais bien peignés.
des deux côtés de son visage sur son cou ;

ses yeux, noirs aussi et larges, regardaient
avec beaucoup de timidité et de modestie,
comme des yeux de femme ; sa bouche, fine
et mélancolique, avait des plis de grâce et
de tendresse aux deux coins.

Il ne disait jamais rien pendant que son
maître était là, et quand il venait seul, il ne
disait que juste ce qu'il avait à dire. Sans
que nous nous fussions jamais parlé, nous
nous regardions souvent, mais jamais en
face. Il restait penché sur le lit de mon
père, et, moi, je demeurais attentive à ce
qu'il disait, mais sans lever les yeux, assise
au soleil sur les marches de la porte. Je
savais par cœur sa figure et sa voix ; mais
jamais, jamais nos regards ne s'arrêtaient
les uns sur les autres.

La première fois que je lui parlai, ce fut

pour lui dire, quand il s'en alla, tout rouge et tout honteux, le soir où il avait refusé avec étonnement les grani :

« Pardon, monsieur Lorenzo; ce n'était pas moi qui vous les offrais; ne m'en veuillez pas de mal ; c'était pour obéir à mon père. »

Il rougit encore davantage, et me répondit, tout tremblant :

« Je ne viens pas pour des grani. J'aurais mieux aimé quelque chose qui ne valût rien : un brin de fil du rouet qui a touché vos doigts.

— Oh bien ! attendez, lui dis-je naïvement, je vais vous en donner un écheveau pour vos sœurs si vous en avez.

— Non, reprit-il, rien qu'un fil; mais il ne se brisera jamais. »

Je courus à mon rouet et je lui en apportai quelques aiguillées.

— Non. répéta-t-il; rien qu'un.

Et il sortit en le glissant entre sa peau et sa chemise.

Depuis ce jour-là, nous fûmes bien plus libres ensemble. Il ne m'en dit pas davantage; mais, au lieu de rougir, il pâlissait souvent en entrant dans la chambre et en me regardant filer. Moi, je me sentais. quand il était là. comme si j'avais eu un frère.

Mon père nous examinait quelquefois tous deux, et il disait au vieux médecin:

« Comme ils se ressemblent! »

Mais le vieillard n'y faisait pas attention. Il ne connaissait rien aux premiers symptômes des maladies de l'âme.

XXXI

L'automne de 1810 arriva; les grands
vents de la mer firent tomber les feuilles, et
les premiers frissons de l'air glacèrent les
nuits sur le Pausilippe. Mon père baissa
rapidement vers sa fin. Comme je le re-
voyais tous les matins à peu près le même
que la veille, je ne m'en apercevais pas
trop, et je croyais que vivre, c'était souffrir,
mais que souffrir, ce n'était pas mourir.
Lui ne s'y trompait pas; il se sentait défaillir
intérieurement; il comprit qu'un matin il
ne se réveillerait plus, et me laisserait seule
au monde, avec la misère et la chèvre.

Il voulut envoyer chercher le vieux médecin, afin de me faire placer par lui dans
un couvent, après sa mort; il y en avait
plusieurs, dans le bas du Pausilippe, dont
la pension ne coûtait presque rien, destinés
qu'ils étaient à recueillir les pauvres filles
de matelots. En calculant bien ce qui lui
restait de ses économies dans sa bourse, il
crut qu'il y en avait assez pour assurer
ainsi mon existence.

XXXII

Mais le bon vieux médecin était mort la
veille, mort de chagrin de ce que la police
militaire de Naples venait de lui enlever

impitoyablement son jeune clerc Lorenzo et
de le faire partir comme recrue, pour un
régiment qui tenait garnison en Sicile.

Cette double nouvelle, que le *piccinino*
voisin nous rapporta sans préparation, et
qui nous jetait dans un isolement complet,
me déchira l'âme et porta à mon père le
coup de la mort. En la recevant, il tomba
dans l'agonie, mais il n'eut point de délire:
il joignit ses deux mains maigres sur sa poitrine, et mourut doucement quand la
force lui manqua pour retirer sa dernière
respiration. Mes lèvres, en cherchant à
baiser encore une fois ses yeux, n'y trou-
vèrent plus de regard, mais y sentirent une
larme.

Il était mort en parlant de ma mère et
en pleurant sur moi !... Grand Dieu ! est-ce

pour mourir ainsi que vous avez fait·naître l'homme? Naître en pleurant, mourir en pleurant, vivre entre deux larmes, est-ce donc là le sort de l'humanité?

XXXIII

Je restai les bras étendus sur son corps, la chèvre à mes pieds, presque sans connaissance, pendant je ne sais combien de temps.

Je fus réveillée par une main rude qui me souleva du grabat, et par des voix brusques qui m'ordonnèrent de céder la place à deux frères de la Sainte-Mort (confrérie chargée d'ensevelir les trépassés).

« Voyons, me dirent-ils, retirez-vous dans l'écurie au fond de la cour, avec votre chèvre et ce morceau de pain, jusqu'à ce que le corps de votre père soit enlevé, et les scellés soient apposés sur tout ce qu'il possédait. On vous allouera deux grani par jour pour votre nourriture. »

J'embrassai mille fois mon père; puis je tombai inanimée sur le carreau, et on m'emporta dans l'écurie, où la chèvre me suivit en bêlant. J'y restai couchée sur la litière, sans oser remuer pour voir ce qui se passait dans la maison.

« Ah! si du moins, me disais-je, le vieux médecin n'était pas mort, et si Lorenzo n'était pas parti, ils seraient venus à mon aide! »

Mais personne ne venait, et le jour naissait et mourait sans que je visse sa lueur qu'à travers les fentes de la porte de l'étable.

XXXIV

Enfin, le septième jour, les percepteurs du fisc frappèrent à la porte de la rue ; j'y courus, je leur ouvris en tremblant. Ils brisèrent les scellés devant moi, s'assirent à la table, examinèrent des livres, des registres, ouvrirent la bourse de maroquin contenant toutes les économies paternelles, firent des comptes, des décomptes, après avoir tout estimé, jusqu'à la chèvre ; puis ils se regardèrent en souriant, et dirent :

— Le bénéfice du fisc ne sera pas grand !

La maison évaluée bien haut, la petite
n'aura pas de quoi payer l'impôt arriéré,
le droit mortuaire, les frais de justice ; il
faudra que le ministre des finances lui fasse
grâce, en s'emparant de tout l'héritage et
en la congédiant de sa maison.

Puis ils m'assignèrent un terme de cinq
jours, passé lequel je devais avoir vidé les
lieux. — Hélas ! où aller et que devenir ?—
Ils m'abandonnèrent quelques grani pour
me nourrir, moi et ma chèvre, pendant
ces cinq jours, et ils me laissèrent dans le
désespoir muet d'un homme frappé d'un
coup mortel, et qui se sent mourir à petit
feu dans un désert, sans que personne
vienne à sa voix pour le secourir.

Je ne me levai pas, pendant ces cinq
jours et ces cinq nuits, d'auprès de ma

chèvre. Il me semblait que j'étais déjà morte; mon esprit errait comme dans les limbes.

Le cinquième jour. les huissiers du fisc envoyèrent leurs recors pour prendre possession de la maison. L'un d'eux entra dans l'étable, me saisit rudement par le bras, et me dit ;

« Sortez! Le roi a besoin de la place que vous occupez. Allez chercher asile et nourriture chez vos parents.

— Des parents? leur dis-je. Je n'en ai point ici; ils sont de l'autre côté de la mer.

— Eh bien, chez les amis de votre père !

— Les amis de mon père? Mon père n'avait plus d'amis. Depuis cinq ans, il n'avait pas quitté son lit. Le vieux médecin qui le soignait est mort quelques jours avant lui, et Lorenzo est parti comme soldat pour l'armée de Sicile.

— Eh bien, allez où vous voudrez, dirent-ils. La terre est assez grande ! »

Je sortis, la main sur mes yeux, en pleurant, et la chèvre me suivit, gambadant devant mes pas, et croyant que je la menais paître en liberté sur les glacis de San-Martino, où Annunziata l'avait achetée pour moi quand j'étais dans mon berceau.

Mais, oh ! l'horreur ! mon Dieu ! À peine avait-elle franchi avec moi le seuil de la porte, que le plus jeune de ces méchants recors se jeta sur elle, la saisit par les cornes, la renversa violemment dans l'intérieur de la cour, en disant :

« Ceci est du mobilier ! »

Je l'invoquai vainement, à travers les
fentes de la porte, qu'il avait refermée sur
lui pour m'empêcher de rentrer; tout à
coup j'entendis une hache lui tomber sur
le cou, ses jambes se débattre convulsive-
ment. et la mort bêler dans sa gorge!

J'éprouvai un tel chagrin et une telle
horreur, que je me sauvai, sans savoir où
j'allais, à travers la campagne, me croyant
toujours poursuivie par ces assassins!

XXXV

Il était nuit quand je me reconnus moi-
même. cachée sous un buisson d'églantiers.
parmi des pierres entassées comme au bord

d'une carrière. Des pas sourds de chiens perdus, de renards ou d'animaux de ténèbres se faisaient entendre non loin de moi, semblables aux pas des chacals d'Arabie. Je frémis, et je recouvrai assez de forces pour courir de nouveau devant moi.

Mes mains furent arrêtées par un long mur dont quelques brèches donnaient passage dans une vaste et solitaire enceinte semée de croix de pierre blanche ou de fer luisant sous les rayons répercutés de la lune. Je m'avançai, et, à la terre fraîchement remuée, à la couronne de myrte effeuillée que, quelques jours auparavant, j'avais jetée, en pleurant, sur le cercueil de mon père, je reconnus sa fosse à peine tassée! J'y tombai à genoux, je l'embrassai de mes deux bras, j'y fondis tellement en larmes, que je m'évanouis complétement et que je restai là je ne sais combien de temps sans connaissance. Je me souviens seulement que je conjurais mon père de m'ouvrir sa fosse et de me recevoir auprès de lui, pour m'arracher aux dangers et aux douleurs de la terre. Ce fut alors que je tombai dans cet anéantissement complet où le long désespoir, la soif, la faim et la fièvre m'avaient précipitée.

Quand je m'éveillai de ce sommeil léthargique, je vis un homme qui s'enfuyait. Je poussai un cri d'horreur; il s'évada en y répliquant par un éclat de rire, et me jeta de loin un demi-talaro sur le bord de ma robe.

Et il disparut dans l'ombre.

XXXVI

Que devins-je, grand Dieu! quand je connus que j'étais la victime involontaire d'un honteux attentat!

Je voulus me sauver encore; mais des soldats de la police qui font, la nuit, des patrouilles dans les cimetières pour en écarter les femmes publiques et les débauchés qui s'y donnent rendez-vous, en Turquie, en Arabie et à Naples, se jetèrent sur moi, m'arrêtèrent et me déposèrent, avec d'infâmes railleries, au corps de garde.

Ils me prenaient pour une de ces créatures qui vendent leur honneur parmi les tombeaux. Ils me prirent mon demi-talaro, envoyèrent acheter du vin, burent et mangèrent en se moquant de moi, et me jetèrent, avec mépris, une croûte de leur pain, pour me ranimer dans ma langueur. Après l'avoir longtemps tenue entre mes dents sans l'avaler, comme si j'avais dû manger ainsi ma propre condamnation, je finis par la sucer machinalement et par m'assoupir.

XXXVII

Je fus, au soleil levant, conduite par deux d'entre eux devant le juge du quartier, comme une proie qui allait s'offrir d'elle-même au libertinage. Il m'interrogea avec rudesse, reconnut, à mon silence et à mes mots entrecoupés, que j'étais bien neuve, et peut-être innocente; il me fit une semonce sévère sur l'imprudence que j'avais commise en m'exposant ainsi, à mon âge, dans des lieux infâmes, et me renvoya, pour cette première fois, dans mon quartier.

Je sortis toute confuse, et j'allai de nouveau me cacher sous la voûte d'un égout, pour y éviter la honte et la lumière du soleil. J'y restai tout le jour à pleurer, à réfléchir et à dormir. Quand la nuit fut venue, je pris la résolution d'aller me jeter dans la mer, auprès du palais de la reine Jeanne, au pied du Pausilippe.

Comme je cherchais ma route, à la lueur des lampes qui éclairent les pauvres bou-

tiques du haut faubourg de San-Martino, je
fus aperçue par Annunziata. mon ancienne
servante. qui faisait souper ses deux petits
enfants sur ses genoux, assise sur le seuil
de sa porte, sous quelques chemises de
soldats flottant en dais devant sa boutique.

Annunziata crut d'abord qu'elle était
victime d'une hallucination en voyant ma
pâleur. mon air de détresse et d'égarement.
et mes pas chancelants comme ceux d'un
homme ivre.

Elle jeta un cri. posa à terre ses deux
jumeaux. et courut sur mes pas, pour s'assurer si c'était bien moi qu'elle avait vue
passer. Je courais moi-même pour lui échapper. n'ayant pas le courage de me laisser
voir, dans cet excès de misère. de honte et
d'infamie, par une personne qui m'avait

connue si jeune et si heureuse, trois ou quatre ans avant ce désastre. Mais mon pied se heurta dans l'ombre contre une pierre, et je tombai au pied d'une haie de sureau sur laquelle les blanchisseuses du quartier étalaient leur linge à sécher.

Annunziata, qui courait après moi, me releva en criant:

« Antoniella! Antoniella! est-ce toi?

— Annunziata! » lui répondis-je.

Et nous nous serrâmes dans les bras l'une de l'autre, fondant toutes les deux en larmes, et remerciant le ciel de ce hasard qui nous faisait retrouver, à elle une fille, à moi une mère, au moment où je n'avais plus sur la terre que le sein de la mort pour m'abriter.

XXXVIII

Elle m'assit dans l'ombre sur les racines du sureau ; elle s'assit elle-même à côté de moi, mes deux mains froides dans ses mains, mon corps appuyé sur son cœur, sa bouche près de mes lèvres, et elle m'interrogea tendrement, comme une vraie mère interroge sa vraie fille sur un secret qui ne doit pas s'envoler dans une autre oreille.

Je lui dis tout en un seul mot.

« Mon père est mort !... Il est mort pauvre, on a tout confisqué, on a tué la chèvre, on m'a tout pris, on m'a fermé la porte sur le dos, on m'a dit : « Va où tu voudras! » Je me suis sauvée, sans savoir un autre asile que la fosse de mon père. Je m'y suis étendue pour pleurer et pour lui demander de me protéger; la fatigue, la faim, m'ont endormie; des soldats alors sont accourus, ils m'ont prise pour une créature infâme ; le juge m'a renvoyée à cause de ma jeunesse et de ma simplicité. J'ai été me cacher dans l'égout jusqu'à la nuit ; j'ai résolu d'aller me jeter à la mer; j'y allais quand tu m'as reconnue. Et me voilà! »

Elle pleurait plus que moi en m'entendant parler; car, moi, je n'avais plus de larmes!

XXXIX

» Comment! pendant que j'étais encore sur la terre, tu as pu croire que tu n'avais d'asile que dans la mort? me dit-elle d'un ton de reproche.

— Je ne savais pas, répondis-je, où trouver ta nouvelle demeure, et j'étais trop honteuse pour la demander à personne, après l'horrible outrage de la nuit et l'injurieuse absolution du juge. Si on me l'avait indiquée, je n'aurais jamais cru pouvoir entrer dans ta famille sans y porter le malheur et l'apparence du crime qui m'était reproché!

— Mais Dieu, reprit-elle, ce Dieu que je t'avais enseigné à prier, comment as-tu pu l'oublier jusqu'à concevoir la pensée d'un crime contre lui-même, en te détruisant, plutôt que de te confier dans sa providence! »

Je redoublai de sanglots et je lui dis que je n'avais pas mangé depuis trois jours, et que la fièvre chaude qui me minait avait égaré mon entendement.

« Ah! c'est vrai dit-elle en me relevant dans ses bras et en m'entraînant loin du sureau, vers sa porte. Viens partager notre pain de misère et notre couche. Il ne sera pas dit que, pendant que nous vivons encore, celle qui a été servante chez ton père, dans son bon temps, et qui t'a nourri du lait de la chèvre, te laissera à la

7

merci de la mort ! Viens ! entre avec moi ;
tu verras mes deux beaux jumeaux, bien
gras et bien riants, couchés sur la paille au
pied du lit de leur père, mais qui me font
tout oublier pendant qu'ils me prennent
encore le sein et qu'ils jouent entre eux en
mangeant leur soupe ; car mon mari, ajouta-
t-elle d'un ton plus triste, sa blessure au
bras coupé s'est rouverte il y a six mois,
par l'effort qu'il a fait en allant porter de
trop lourds paquets de linge blanc aux
pratiques; il languit depuis ce temps-là,
tout enflé et tout impotent, dans notre unique
lit, et je ne puis guère travailler, obligée
que je suis de le soigner, de faire le ménage
et de nourrir mes deux jumeaux. Mais, tant
que le bon Dieu nous le conserve, sa pension
d'invalide suffit à nous nourrir tous les

quatre, et le travail que tu pourras faire, en m'assistant près de lui ou près des enfants, suffira bien aussi à ta nourriture. Ne t'inquiète donc de rien, pourvu que tu couches à terre avec moi et les petits ; et, si tu rougis de raconter tous tes malheurs devant mon mari, assieds-toi là, et attends-moi. Je vais t'apporter le reste de la soupe de mes enfants ; tu mangeras en paix là, dehors, pendant que je dirai ce que tu ne peux pas dire. Je viendrai te prendre après, et tout sera fini. Du reste, mon pauvre malade est aussi bon que l'était ton père ; et, quant à moi, ne crains pas que ce sort renversé ait renversé en rien mon cœur dans ma poitrine. Je t'aimerai toujours, ma fille, et tu seras toujours la maîtresse, je serai toujours la servante ! »

X. L

Cela dit, elle me fit asseoir sur le tronc
d'un vieux caroubier, qui me dérobait même
à l'éclat de la lune dans sa petite cour, et,
au bout d'une minute, elle revint, m'appor-
tant une écuelle de la soupe des enfants. Je
me jetai comme une bête féroce sur cette
innocente nourriture.

Peu de temps après, Annunziata reparut
toute joyeuse ; elle avait instruit son mari
de ma présence et de l'offre qu'elle m'a-
vait faite. Attendri comme elle jusqu'aux
larmes sur le sort de la jeune maîtresse de sa
femme, il s'était trouvé heureux autant

qu'elle de la recueillir et de la sauver. Il m'attendait, pour me le dire et pour consentir à tous les arrangements d'Annunziata, dans la pauvre chambre où ces cinq personnes allaient s'abriter.

« Elle nous portera bonheur ! lui avait-il dit ; il y aura pour nous cinq providences au lieu d'une, et ma pension suffira comme ta mamelle à nous nourrir tous les cinq. Rien ne plaît plus au bon Dieu que la confiance, même imprudente, dans sa bonté. Va me chercher Antoniella, que je l'embrasse et que je la reçoive comme ta sœur et la mienne, et non comme ta servante. »

XLI

Cette bonté du pauvre invalide, et la nourriture que je venais de prendre, me donnèrent la force de suivre Annunziata.

Les deux jumeaux de deux ans, couchés à demi nus sur la paillasse à la porte, levaient, en riant, vers leur mère, leurs petits bras et leurs grosses jambes. Elle me les fit embrasser comme s'ils eussent été à moi, et ils me sourirent comme si j'avais été elle-même. Nous les recouchâmes sous un rayon de lune, et nous allâmes ensemble au lit de son mari. L'excellent homme pleura longtemps sans pouvoir articuler un mot, en me voyant et en m'embrassant comme si j'avais été sa propre fille.

Puis, quand il eut recouvré la parole :

« Pauvre Antoniella ! me dit-il, toi qui as été élevée dans l'aisance, et qui n'avais qu'à choisir parmi les colliers de ta mère celui que tu porterais le jour de tes noces, hélas ! tu ne devais pas t'attendre à ce que Annunziata, dont tu fis, avec tant de grâce, la dot et le mariage, serait à son tour ta providence, et t'arracherait au désespoir dans sa propre maison, sans pouvoir même t'offrir autre chose qu'une place pour dormir à côté d'elle et de ses deux jumeaux, sur le plancher ! Mais il faut bien se contenter de ce que Dieu nous offre, quand il nous l'offre par un cœur dévoué et qui se donne le premier lui-même à nous. Tu ne

trouveras chez nous que l'amitié que tu
avais autrefois pour nous, quand tu étais
riche et que nous étions pauvres. N'aie point
de honte vis-à-vis d'Annunziata et de moi.
Tu l'aideras à soigner ses beaux enfants,
pendant qu'elle me soigne elle-même ou
qu'elle tient les fers au feu pour repasser le
linge de la pratique. D'ailleurs, qui sait,
ajouta-t-il en regardant avec quelques
larmes dans les yeux sa femme, ses enfants,
sa chambre et son vieux sabre pendu à la
muraille, qui sait si je guérirai de cette re-
chute, et si ma pauvre femme et ces chers
petits, privés de leur père et de ma pension,
n'auront pas, un jour, besoin de vous pour
assister Annunziata dans son travail pour
nourrir sa famille? Dieu seul connaît si ce
qu'il nous envoie est perte ou salut pour

notre avenir. Ne vous hâtez donc pas de nous remercier, mais jouissons ensemble du bonheur d'être réunis dans sa main. »

Hélas ! il ne savait pas, le brave homme, en parlant ainsi, que cette Antoniella, qu'il accueillait comme la vie, était la mort par le supplice, qui entrait, comme une fatalité masquée, dans le lit de sa femme !

XLII

Nous couchâmes les deux jumeaux, et nous passâmes la soirée à nous remémorer plus gaiement le passé auprès du lit du malade; puis nous nous étendîmes ensemble sur la paille, à côté des enfants. Mais, au com-

mencement de la nuit, nous dormîmes mal.
Annunziata, me prenant dans ses bras,
pleura en me parlant de son mari, de moi,
de ses peines et du sort de ces chères créatures, si la mort qu'elle regardait comme
prochaine venait à enlever leur père et à lui
ravir la pension du gouvernement, à l'aide
de laquelle toute la maison se suffisait à
elle-même.

Elle m'apprit ce que j'aurais à faire pour
l'aider dans son travail de blanchisseuse en
gros : allumer le réchaud, nettoyer les fers
et les chauffer, plisser les chemises, etc.

« Ne t'inquiète pas, me dit-elle, en peu
de jours je t'enseignerai tout cela. Quant à
ces deux jolis jumeaux, que tu amuseras
pendant que je soignerai le père et que je
ferai le gros du ménage, ils t'aimeront bien-

tôt autant que moi ; n'y pense pas seulement; ils seront à toi autant qu'à moi-
même. Les enfants portent avec eux la récompense des soins qu'on leur donne ! »

Nous nous endormîmes en causant ainsi.

J'étais toute joyeuse dans ma tristesse:
au lieu de ma pauvre vieille chèvre, tuée
par ces méchants agents du fisc, le ciel,
après mon malheur du cimetière, m'avait
envoyé ma meilleure amie et deux char-
mantes créatures.

XLIII

Nous nous levâmes en même temps que
le soleil. Le malade dormait encore.

Annunziata se mit à travailler sans bruit dans la cour, et moi, je badinai avec les jumeaux, qui s'accoutumèrent tout de suite à moi. Ils commençaient à balbutier quelques mots, et je leur en apprenais d'autres. Leurs rires naïfs, à chaque parole qu'ils répétaient, faisaient rire la mère. Ils se renversaient sur moi, et leurs petites mains jouaient avec mes cheveux épars sur mon sein, pendant que leurs bouches rieuses cherchaient, sur ma poitrine de jeune fille, ces mamelles de leur mère où ils puisaient encore quelquefois, par divertissement, quelques gouttes de ce ruisseau de lait tari qui leur avait versé la vie.

XLIV

Ces jeux les familiarisèrent avec moi, et nous nous aimions déjà avant que j'eusse fini de leur passer leur chemise et de les conduire à leur mère dans la cour.

Je les fis déjeuner auprès d'elle d'un peu de pâte douce de Torre-del-Greco, cuite et trempée dans du lait de chèvre que les bergers des Camaldules apportaient tous les soirs dans les maisons où il y avait des enfants. Quand ils eurent fini, la mère nous embrassa tous les trois, et, laissant là la table rembourrée où elle repassait le linge et le foyer de myrte sur lequel grondait l'eau du cuvier pour laver les draps de lit et les torchons du pauvre peuple, me chargea de ranimer la flamme et de souffler les charbons en éventant le feu, de temps en temps, avec un éventail de feuillage, pendant qu'elle allait panser la blessure de son mari, refaire sa couche, balayer et nettoyer le plancher de sa chambre.

Les jumeaux, qui jouaient non loin de là sur la poussière tiède du matin, sous les sureaux où séchait la lessive, essayaient par moments de se lever sur leurs grosses jambes, retombant après avoir fait quelques pas; puis venaient, sur leurs pieds et sur leurs mains, trébucher entre mes genoux. Comme c'était gai, en comparaison des derniers jours solitaires et des jours d'agonie que j'avais passés dans la chambre, dans l'étable de mon père mourant ou mort! Comme c'était gai, si les gémissements du malade, retourné sur sa couche de douleur, n'étaient pas venus par moments interrompre et attrister nos jeux !

Malgré ces sombres diversions, avant la fin du jour, les jumeaux et moi, nous nous entendions déjà comme la chèvre et les chevreaux s'entendent quand l'amour du jeu, et la tendresse et la jeunesse les poussent à bondir ensemble sur les prés.

Les enfants couchés et endormis, Annunziata prit les choses fines à raccommoder et à plisser, et, auprès du lit du malade, je reçus ma première leçon de blanchissage des mains de mon amie. Le pauvre invalide tantôt riait de mon inexpérience, et tantôt pleurait de sentir qu'il n'avançait pas vers sa guérison, et qu'il laisserait bientôt ce doux nid de sa jeunesse sans ailes pour protéger ses petits, sans pain pour nourrir sa femme et moi. Mais nous nous efforcions, sans y croire, d'éloigner ces mauvais pressentiments. Il était trop bon pour douter que la Providence ne vînt à son secours.

Nous finîmes la journée, quand l'*Angelus* sonna au clocher de San-Martino, en faisant notre prière à genoux, au chevet de son lit, et en récitant en commun les litanies de la Vierge.

Annunziata, qui voyait bien les progrès du mal, ne fut pas plutôt couchée sur notre paille, qu'elle se prit à fondre en larmes et à sangloter tout bas, pour que son mari ne soupçonnât pas son tourment. J'essayai en vain de la rassurer.

— Hélas! répondait-elle, indépendam-
ment de la perte d'un si bon mari, qui m'a
choisie dans la misère pour m'unir à son
sort et me faire la mère de ses enfants, sa
mort ne serait pas seulement sa mort, elle
serait celle de sa femme, la tienne, et celle
de ses enfants! Avec quoi vivrions-nous
tous les quatre? »

Et elle recommençait à pleurer.

Les premiers symptômes de la gan-
grène, qui apaise la douleur avant de la
terminer, avaient apparu, ce soir-là, à ses
regards.

XLV

Les jumeaux se réveillèrent le matin, plus joyeux que jamais. Rien n'était beau et gai comme de les voir se rouler ensemble sur leur berceau, et dresser leurs belles petites mains roses au-dessus de leur tête, pour prendre des rayons de soleil qui glissaient sur eux par la fenêtre! Annunziata, quoique si désolée, ne put s'empêcher d'en sourire dans ses larmes et de jouer un moment avec eux. Puis elle me jeta leurs chemises sur mon lit, et me dit de les habiller comme la veille et de les porter sous le sureau.

Pendant que je préparais le feu, la table, les fers à repasser, ils se mirent à jouer dans la litière du cuvier, dont j'avais laissé égoutter le reste, et à construire avec leurs petites mains des montagnes de sable qu'ils faisaient crouler pour les reconstruire encore.

Quand Annunziata vint nous rejoindre, après avoir fait la prière du matin et pansé son mari, elle était toute changée. et sa pâleur disait trop sa crainte. Elle se mit cependant à travailler avec moi, pour que, le jour suivant, qui était un dimanche, ne nous laissât que les robes blanches à porter, dans le faubourg, à nos modestes pratiques. Tout fut fini et livré avant la nuit. Elle rapporta à la maison une vingtaine de grani dans son tablier; c'était le salaire de toute la semaine. Les plus pauvres lui demandaient crédit. Elle ne pouvait pas le refuser, par bonté d'âme d'abord, et ensuite pour ne pas perdre le plus grand nombre de ses pratiques.

En me voyant travailler avec elle dans la cour et vêtir les enfants, les bonnes femmes qui passaient dans la rue se disaient, au contraire :

« Voyez donc ! il faut qu'Annunziata soit bien riche, et que le métier soit bien bon, puisqu'elle n'y suffit plus toute seule et qu'elle entretient une jeune servante, comme les grandes dames de Toledo, pour bercer et habiller les enfants ! »

De ce jour-là, elles commencèrent à l'accuser de prendre trop cher et à la quitter peu à peu, ou à lui faire des prix qui n'allaient pas à la valeur du loyer, des outils et du charbon. Annunziata pleurait et consentait à ces injustes rabais pour ne pas s'aliéner toutes ses pratiques.

•

XLVI

Les trois cents écus de la pension de son mari compensaient ces pertes; mais cela ne dura pas.

Le pauvre homme touchait aux derniers jours de son dernier quartier quand la mort le prit. Il embrassa ses jumeaux, sa femme et moi, nous recommanda à Dieu et à saint Janvier, et invoqua le Seigneur à ses derniers moments, pour qu'il daignât lui accorder.

non une guérison qu il n'espérait plus, mais
vingt-quatre heures seulement, de manière
que le dernier terme de sa pension d'invalide qui expirait le lendemain. et qui devait être payée encore trois mois après le
jour de son décès, pût être compté trois
mois de plus à Annunziata et à ses enfants.

« Que feras-tu sans cela? dit-il à sa
femme dans la soirée. Quand tu auras
payé l'apothicaire et ses médicaments, les
frais de scellés et ceux de sépulture, sur
les six écus que nous avons encore, que te
restera-t-il?

— N'y pense pas! dit Annunziata. Le
ciel est large et profond. Dieu nous regarde
du fond du firmament; la Providence est
infinie comme le monde; elle viendra à

notre aide, comme tu as consenti à venir au secours d'Antoniella.

— Qu'elle vous bénisse comme je vous bénis tous les quatre! » dit-il.

XLVII

Mais, après cela, il commença à délirer doucement, et à se figurer qu'il assistait au banquet de ses noces, chez mon père, avec sa chère Annunziata.

« Que je suis heureux! disait-il, que je suis content!... Il y a l'amitié ici, et de la fortune à la maison, pour elle, pour moi, pour nos enfants... Antoniella deviendra grande; un riche seigneur de

Toledo viendra la demander à son père... »

Enfin mille et mille rêves qui redoublaient nos larmes par leur contraste avec la réalité.

Entre onze heures et minuit, son dernier soupir coula sans bruit de ses lèvres.

Il manquait une heure à sa vie, et le dernier quartier de sa pension à sa chère femme. Dieu est bien bon ; mais il a l'air quelquefois d'être bien cruel !

XLVIII

Annunziata lui ferma les yeux.

Nous le pleurâmes toute la nuit et tout le jour suivant, Annunziata et moi. Quelques voisines, voyant la porte ouverte au fond de la cour, se mirent à genoux et lui jetèrent de l'eau bénite sur les pieds; mais elles s'en allèrent, et nous ne les revîmes plus. Chacun pour soi! quand le père est parti, le nid s'envole.

Les jumeaux, pendant cette triste journée, s'amusèrent tout seuls hors de la maison. Le soir venu, nous les couchâmes dans la cour, sous le grand cuvier, à demi renversé, pour qu'ils ne fussent pas témoins des cérémonies mortuaires. Je leur dis que leur père était parti pour la guerre, accompagné d'un invalide, son ancien compagnon d'armes, qui était venu avec le prêtre.

Annunziata seule suivit le convoi jusqu'au cimetière, un mouchoir sur les yeux. Le vieil invalide, pour faire honneur à son ami, tira un coup de fusil sur sa tombe solitaire, dans le vaste champ des morts de San-Martino. Annunziata se mit à genoux sur la terre fraîche, et, ranimée un moment par l'écho du coup de feu, tomba évanouie. Le fossoyeur la releva ; elle revint à la maison toute seule, en trébuchant à chaque pas. Je courus au-devant d'elle ; nous priàmes et nous pleuràmes en endormant les jumeaux sur nos genoux.

Telle fut la fin du malade. Il ne laissa de souvenir qu'à sa femme et à moi. C'est peu de chose que nous.

XLIX

En effet, le pauvre mourant avait eu
bien raison de dire : « Annunziata, que te
restera-t-il, si ma pension est raccourcie
d'un jour? » Quand nous eûmes payé le
pharmacien, le fossoyeur, les porteurs de
cercueil et de croix, le prêtre et les cierges,
il ne nous restait que quelques grani de
dettes. L'ouvrage, qui continua à venir
pendant un certain temps à un prix qui
n'égalait pas la dépense, au lieu de nous
soulager, nous endetta davantage. Nous
vendîmes successivement, un à un, les
habits, le fusil, le sabre, les souliers du

pauvre invalide. A chaque vente d'un de ces chers objets qui lui avaient appartenu, de nouveaux baisers et de nouvelles larmes coulaient de la bouche et des yeux d'Annunziata.

Elle me disait :

« Vends-les toi-même, pour nourrir ces pauvres petits chéris. Quant à moi, je n'en aurais pas le cœur! Il me semblerait que je vends un morceau de lui-même... Dieu aura pitié de nous et de lui. Ce sont tes derniers sacrifices qui le toucheront! »

L.

Nous n'avions plus que deux fers à repasser; nous avions changé le fourneau de

bronze contre un fourneau en terre cuite.
qui nous avait coûté un seul grano. Le lit
du mort et ses matelas, qui nous avaient
paru inutiles, la table, les chaises de la
chambre, avaient été successivement vendus
aux marchands ambulants, qui revendent à
gros bénéfice la vieille dépouille des morts.

Quant à nous, nous n'avions plus rien
sur le corps que de quoi couvrir à peine
notre nudité. Les enfants seuls étaient encore propres, parce qu'il leur fallait si peu
de chose pour les parer! Mais tous ces dé-
pouillements, en nous profitant d'un côté.
nous nuisaient de l'autre; les femmes du
voisinage, en venant apporter ou retirer leur
mince *roba*, et en voyant diminuer tous les
jours nos meubles, gage de leur confiance,
commencèrent à s'alarmer pour leur linge

et à craindre que nous n'empruntions, sur
ce qui leur appartenait, au *Monte-Napoli-
tano;* elles nous retirèrent peu à peu leur
pratique. Annunziata, n'ayant plus d'ouvrage, fut obligée d'aller se louer à la journée, auprès des fontaines, pour laver en
plein air les vestes des lazzaroni. A peine
rapportait-elle, le soir, de quoi payer le
souper des enfants. Pour nous deux, nous
nous contentions, pendant la saison des
fruits, de manger, sans pain, les pelures
qu'elle trouvait sur les fumiers du faubourg
ou aux embouchures des égouts; il m'en
fallait, à moi, bien peu; car tout mon travail consistait à garder les enfants jusqu'au
retour de leur mère. Tantôt je jouais avec
eux, tantôt je pleurais en les regardant, encore beaux et insouciants, parce qu'ils

mangeaient leur suffisance, sans se douter de la pénurie de leur mère.

LI

Mais, après un an d'une vie pareille, ces malheureux enfants furent la cause involontaire de mauvais bruits qui coururent sur nous dans les environs de notre cour.

Il y avait, dans un petit verger qui dépendait d'une maison riche bâtie sur une éminence au-dessus de nous, deux figuiers chargés de figues que les maîtres ne se donnaient pas la peine de ramasser, mais dont le vent d'automne faisait tomber une à une les figues trop mûres pour le *nourrin* favori

de la grand'mère de la maison. La vieille
femme passait la journée presque entière,
assise contre sa fenêtre ouverte, occupée à
causer avec son cochon, qui grognait quand
il voulait de la nourriture. A certaines heures du jour, à midi et le soir, elle lui vidait,
par la fenêtre, sur la tête, une pannerée d'é-
pluchures de *brocoli*, de feuilles de laitue,
de pelures de fruits qui avaient servi au
repas de la famille.

Le reste du temps, l'animal rôdait sous
les figuiers, et tâchait, en se frottant contre
les tiges basses des arbres, d'en agiter les
rameaux trop élevés et d'en faire ainsi tomber quelques fruits. Il les mangeait lentement, avec délices, comme un bœuf qui
rumine l'herbe grasse par-dessus la haie,
au bord d'un chemin. Nous entendions ses

dents faire craquer l'écorce de la figue, dont nous voyions le jus ruisseler de son groin.

A chaque léger bruit que la vieille femme faisait contre les volets, l'animal, attentif, levait les yeux de son côté, et semblait, par les gestes de sa tête et par ses deux pieds de devant dressés vers elle contre la muraille, solliciter une nouvelle miette de son repas. Ce jeu intelligent amusait les deux jumeaux, qui imitaient, en riant, les grognements du nourrin.

La vieille femme commença par s'en amuser; mais, comme le grognement, trop souvent répété, la trompait et lui faisait mettre en vain la tête à la fenêtre, elle finit par s'impatienter et par ne plus l'ouvrir. Le petit animal vint alors de notre côté, au bord du mur de pierres sèches qui servait de parapet au verger, et grogna vers nous. Les enfants grognèrent à l'envi, et, prenant de leurs petites mains des pierres détachées, ils les lancèrent contre les figuiers, pour que le choc détachât des rameaux quelques figues trop mûres, et les fît tomber dans la gueule ou sur la tête de l'animal affamé.

Le cochon, qui connut bientôt le jeu, et qui désirait la présence de ses petits pour-voyeurs, les appelait de lui-même, et allait se placer sous les figuiers dès qu'ils appa-raissaient dans la cour. Ils se lièrent d'a-mitié; mais cette manœuvre ayant été épiée et découverte par la vieille femme, la mit dans une grande colère; en sorte qu'elle les injuria de vilains mots, les appe-lant petits voleurs et fils de mauvaises mè-

res, dont le voisinage était le fléau du quartier. Ils ne pouvaient plus sortir sans qu'elle
leur jetât des pierres. Elle raconta à sa famille, et sa famille à d'autres, que notre
maison était pleine de racaille, élevée par
nous à dérober au prochain les fruits des
jardins. Le bruit s'en répandit de maison
en maison, et nous n'eûmes plus ni soleil
ni ombre à faire goûter aux pauvres jumeaux.

Nous passions le jour entier dans la maison, les portes closes ; et, quand il passait
quelque groupe d'hommes, de femmes,
d'enfants par le chemin, nous entendions
avec effroi tomber des pierres lancées contre la porte, et les mots de *vermine mal-
faisante* retentir contre nous dans les sen-
tiers. Notre réputation, déjà ébréchée par

notre extrême indigence, nous convainquit
bientôt de vol, ou tout au moins de maraudage, bien que nous fussions morts de faim
tous les quatre, plutôt que de dérober à
personne un débris de brocoli.

Nous tombâmes dans le désespoir. Annunziata ne trouva plus qu'avec peine à
louer son battoir aux laveuses des environs;
on craignait qu'elle n'enlevât le linge qu'on
lui confiait. La pâleur et la maigreur de
nos innocents jumeaux s'accrurent tous les
jours; et, quand il n'y eut plus un sou à
gagner pour les nourrir, nous fûmes obli-
gées de les mener par la main dans les
marchés éloignés de Naples, pour en rapporter quelque vile nourriture donnée par
les revendeurs, en payement des places
nettoyées par nous pour qu'ils pussent éta-

ler à terre leurs marchandises ou leurs *co-comeri*, et en considération des charmants visages de nos deux enfants.

LII

Mais cette dernière ressource ne tarda pas elle-même à nous manquer. Les lazzaroni nous remarquèrent; ils furent jaloux de ce petit gain fait contre eux, dans les rues et sur les places, par deux femmes qui possédaient une maison à elles sur la hauteur de San-Martino, et ils nous éloignèrent, à force d'invectives, de quartier en quartier. Réduites alors au désespoir, nous vendîmes la pauvre maison deux cents écus à la fa-

mille de la maîtresse du cochon, première
cause de notre malheur, et en nous réser-
vant seulement de l'habiter jusqu'à la fin
de l'hiver, environ quatre mois.

On nous la paya comptant; mais on nous
ôta l'usage de la cour et du jardin, afin que
les jumeaux ne donnassent plus prétexte au
maraudage dont nous étions accusées.

LIII

Tout changea alors pendant quelque
temps à la maison. Nous nous crûmes ri-
ches, pensant que les deux cents écus ne
finiraient jamais.

Nous habillâmes les enfants de neuf;

nous achetâmes pour nous-mêmes des vêtements un peu plus décents, un lit, quelques ustensiles de ménage, un fourneau,
du charbon, des fers à repasser, une grande
table. Nous nous imaginions que nous
allions reconquérir petit à petit nos ancien-
nes pratiques ; mais il ne vint personne, et,
après avoir consommé nos deux cents écus
en ameublement et ustensiles, nous en fûmes
pour nos préparatifs et pour les pertes con-
sidérables que nous fîmes dans la revente à
vil prix de notre nouveau mobilier.

Nous versâmes bien des larmes au fond de
la maison, en attendant que le bruit d'un pas
dans le chemin ou le battement d'une bran-
che de sureau contre la porte nous fît espérer que quelqu'un venait nous apporter
du blanchissage. Mais le pas s'éloignait, le

vent tombait, et nous restions lugubrement
à nous regarder comme auparavant.

Ces incertitudes étaient encore plus tris-
tes que notre misère, et le hasard est un
être plus barbare peut-être que tout ce que
Dieu a fait sur la terre.

LIV

Avant que les quatre mois pendant lesquels nous devions continuer à jouir de la
maison fussent expirés, nous retombâmes
dans un dénûment plus cruel encore que le
premier; car, la première fois, nous avions
du moins l'ombre de la maison pour cacher
notre misère, et pour mourir dans notre

terrier, avec les enfants dans nos bras. Mais, cette fois, il fallait nous enfuir comme des réprouvés de notre demeure, et aller chercher quatre cercueils pour nous ensevelir.

Oh! mon Dieu! comme nous comptions les soleils et les nuits!

Pour comble de malheur, nous n'avions plus de pain, ni de farine, ni de légumes pour les jumeaux. Ils pleuraient sans savoir de quoi; mais c'était évidemment d'inanition. Tantôt ils embrassaient leur mère, tantôt ils se jetaient à mon cou; nous fondions en larmes toutes les deux, nous les réchauffions de nos étreintes; nous ne pouvions les calmer qu'en leur donnant à ronger quelques écorces de *cocomero,* repoussées par le cochon avec ses pattes, et dans lesquelles

restaient encore quelques chairs. Mais cela
ne faisait qu'aiguiser leur fringale.

LV

Nous passâmes ainsi toute la journée ; à
la fin, ils s'assoupirent sur le sein de leur
mère, évanouie de douleur et de faim.

Je réfléchissais, les yeux secs, et je rou-
lais dans ma tête toute sorte de pensées
confuses qui nous avaient été suscitées,
pendant nos jours de décadence, par des
bohémiens qui passaient devant notre
porte, et qui avaient été plusieurs fois témoins de nos anxiétés sur le sort futur de
nos chers jumeaux.

Nous autres, disions-nous, nous sommes faites pour souffrir! Mais ces pauvres innocents, plutôt mourir cent fois que de les voir languir ,de notre misère, et maigrir jusqu'à l'extinction de leur vie, sous nos yeux et sous nos baisers.

LVI

Une des bohémiennes nous proposa bien de les lui vendre, pour en faire deux enfants perdus de sa tribu, et l'aider à gagner son pain, dont elle leur donnerait la moitié. La charmante expression de visage des deux jumeaux attirerait, disait-elle, les regards des passants, et multiplierait les

aumônes. Mais, quand nous vîmes comment elle pinçait la peau sous la chemise
d'un nourrisson qu'elle portait sur son dos,
pour exciter la pitié du peuple par ses larmes, nous reculâmes d'horreur, et nous
dîmes :

« Va-t'en! et ne repasse jamais devant
la maison de vraies mères! »

Je disais *les mères*, parce que l'amitié
que j'avais pour Annunziata, et celle que
les jumeaux avaient conçue pour moi en
couchant pêle-mêle sur nous deux, ne leur
laissaient pas sentir de qui ils étaient nés,
et qu'ils nous appelaient indifféremment
l'une et l'autre du nom de mère.

La bohémienne s'en alla en riant de
notre scrupule, et nous prophétisant que
nous ne tarderions pas à nous repentir de

ne pas avoir vendu ceux que nous ne pouvions plus nourrir.

« Si vous étiez libres toutes les deux,
nous disait-elle, vous vous placeriez dans
de bonnes conditions, et vous seriez heu-
reuses, au lieu que ces enfants vous clouent
à la maison et à la misère, et vous font
mourir, vous deux qui êtes encore jeunes,
de la faim dont vous ne sauriez défendre
ces marmots ! »

Mais rien n'y fit : l'amour que nous res-
sentions pour eux était plus fort que la
mort.

LVII

Je rejetai donc, à la tombée de la nuit, les corps assoupis des deux jumeaux, de mon sein sur celui d'Annunziata; je m'habillai sans rien dire; j'ouvris la porte, et, toute tremblante de fièvre, je m'élançai dans la campagne.

J'avais mon idée, et j'étais bien résolue à en exécuter, à tout risque, la moitié.

« Puisqu'il n'y a plus de remède, me disais-je, et qu'il faut mourir, sauvons du moins, en mourant, ces pauvres petits et remettons-les aux soins de la Providence. On nous a dit souvent que, quand les mères, coupables ou non, étaient en prison, on prenait les enfants et on les nourrissait à la maison des orphelins, aux frais de l'État et par les mains des sœurs de la Miséricorde; et que l'État payait leur pension jusqu'à l'âge où ils pouvaient eux-mêmes gagner leur vie. Eh bien, puisqu'il en est ainsi, perdons notre réputation, et faisons-nous jeter dans les cachots de la Vicaria, à tout prix et à tout risque! Annunziata aimera mieux mourir que de sauver même ses jumeaux par l'apparence d'un crime; mais moi, qui ne suis pas la vraie mère, je ferai violence à ses scrupules, je l'entraînerai malgré elle dans ma perte; on prendra de force nos pauvres affamés, on les emportera aux orphelins de la Miséricorde, on leur donnera en abondance du pain et du lait,

et, quant à nous, il en adviendra ce que
Dieu aura décidé! Ce sera un mensonge;
mais le mensonge n'est pas un meurtre, et,
quoi qu'il en soit, le mensonge qui ne perd
que'nous et qui sauve deux innocents, sera
une vertu peut-être aux yeux de Dieu! »

LVIII

Tout en raisonnant ainsi, et en raisonnant
faux, comme la fièvre raisonne, je montais
rapidement la pente qui mène au cimetière
où j'avais été insultée et arrêtée sur la
tombe fraîche de mon père. J'y entrai,
comme la première fois, par une brèche;
je cherchai, je trouvai la fosse où je m'étais

endormie de douleur, dix-huit mois auparavant.

Je me mis à genoux, je fis une prière
pour les enfants, pour ma chère Annunziata,
pour moi-même, demandant avec larmes
à mon père qu'il bénît mon intention, qu'il
me fît prendre pour ce que je n'étais pas, et
qu'il me fît arrêter par les gardes de nuit
comme une de ces femmes qui viennent
tendre des piéges aux jeunes débauchés des
faubourgs.

A peine m'étais-je relevée en finissant
ma prière et en ayant l'air de vouloir
m'évader, que la patrouille, dont j'entendais monter les pas et dont je cherchais à
être aperçue, me vit, fondit sur moi, et
m'apostrophant des noms les plus infâmes,
me lia les mains derrière le dos et me

somma de déclarer ma demeure et ma profession.

Je pleurai; je dis que je demeurais avec une amie et deux enfants dans le vicolo solitaire de San-Martino; que, cette amie et moi, nous faisions ensemble le même métier de blanchisseuse. et que nous élevions nos deux enfants pour leur apprendre plus tard notre état.

Ils me répliquèrent que notre état était infâme. et qu'ils allaient purger le quartier de notre présence.

D'eux d'entre eux se détachèrent pour aller enlever les enfants et les conduire à la Miséricorde, puis mener la mauvaise mère. ma complice, à la Vicaria, égout des femmes de mauvaise vie telles que nous.

LIX

Cela dit, je fus conduite par les autres chez le même magistrat du quartier qui m'avait jugée et relâchée par pitié pour mon âge, la première fois.

Il me reconnut, m'accabla de reproches sur ce qu'il appelait ma récidive, et me, déclara que, puisque j'étais si dépravée et si impénitente, il n'aurait pas pour moi la même indulgence; et il signa mon écrou parmi les femmes déshonorées de la Vicaria.

Je me gardai bien de répondre à ses injures; je baissai la tête et je me laissai mener brutalement par les soldats dans l'immense et bruyante prison, pour y attendre l'instant d'être définitivement condamnée aux peines contre les débauchées nocturnes.

LX

Ce fut une grande rumeur à mon arrivée dans les cours de la Vicaria. Les vieilles femmes m'admirèrent et me firent des compliments ironiques sur ma figure.

Les jeunes filles de mon âge, dépravées par les vieilles, étaient jalouses de ma pudeur apparente, et me raillaient sur mon ingénuité.

J'étais honteuse, et je ne voulais pas avoir l'air de l'être. Ce contraste entre ce que je voulais paraître et ce que j'étais réellement me causait un tel embarras, que j'en devins muette, et que les vieilles et les jeunes finirent par me laisser tranquille, couchée, le front contre la muraille, dans un angle de la cour.

LXI

Je restai une grande partie du jour en silence, et pleurant sans qu'on me vît pleurer. Je ne me levai même pas pour aller au réfectoire prendre mon repas, à l'heure où la cloche sonna pour m'y convier.

« Je n'ai pas faim, » dis-je.

On me laissa seule. Pendant cet isolement,
Annunziata, privée de ses deux jumeaux, ar-
rachés de force de ses bras pour être portés
à la Miséricorde, entra dans la cour, toute
noyée dans ses larmes, et fut jetée à côté
de moi par un gardien.

« Couche-toi là, la mère! lui crièrent-ils
brutalement ; couche-toi, si tu veux, près
de ta complice, et expie avec elle les belles
leçons que tu lui as données ! »

Annunziata essuya ses yeux humides,
m'aperçut, me reconnut, poussa un cri,
tomba dans mes bras.

« Malheureuse enfant! qu'as-tu fait?
me dit-elle ; et comment n'as-tu pas compris
qu'en allant au cimetière, te faire passer
pour ce que tu n'es pas, tu me jetais, en

même temps que toi, et comme ta con-
seillère et ta complice. dans les mains des
gardes de police! »

Je fondis en larmes à ce mot.

« Oui, lui dis-je, je l'ai compris par
amour pour nos enfants affamés. Sans cette
témérité, où seraient-ils maintenant ? Ils seraient morts entre nos bras! tandis qu'ils
sont sous la surveillance des sœurs, nous
pleurant sans doute, mais abreuvés de lait
et nourris de pain comme des fils de prince.
Ils nous oublieront, et ils seront heureux.
Dieu m'a exaucée, et t'exauce malgré toi,
en prévenant le crime de tendresse que
nous commettions ensemble sur ces jumeaux
trop aimés. Je souffre de paraître coupable
et de te faire partager ma honte ; mais. au
moins, personne autre que nous ne souffre

avec nous... Bénissons Dieu ! Tu me par-
donneras plus tard. »

LXII

Annunziata ne me pardonna pas l'enlèvement violent de ses deux enfants; mais
elle reconnut que mon intention, toute folle
qu'elle était, avait eu du moins pour but
d'assurer le salut des jumeaux. Elle ne cessa
pas de pleurer; mais le soir elle consentit
à manger un vieux morceau de pain du dîner, que deux jeunes filles, plus douces que
les autres, nous avaient jeté en revenant du
réfectoire, pour aller forcément à la chapelle.

On ne s'informa pas qui elle était. Ses

vêtements souillés et déchirés, ses souliers
éculés, les pleurs et la poussière qui tachaient
son visage la firent prendre pour une de ces
femmes tombées dans la lie du vice, et qui,
m'y ayant entraînée avec elle, avait retrouvé
en moi une ancienne connaissance de ca-
baret ou de prison.

Nous dûmes à cette opinion quelque
soulagement à nos peines.

« Mettez-les ensemble, » dirent les femmes jeunes et vieilles aux gardiens chargés
de distribuer les places dans les dortoirs.

On nous indiqua du doigt la même couche : nous nous y jetâmes tout habillées.
Notre première nuit ne fut qu'une longue
agonie ; Annunziata se lamentait sur ses petits, et moi sur elle-même.

« C'est mon malheur qui vous a tous en-

traînés dans cet abîme d'infortune !...
Hélas ! hélas ! et nous ne sommes peut-être
pas encore au fond ! lui disais-je. Pardonne-
moi : j'ai voulu sauver les plus faibles et les
plus jeunes. Eux sauvés, qu'importe notre
honte et qu'importe notre mort ? Je n'ai
que seize ans ; mais, depuis la mort de mon
père, je n'ai pas eu dans ma vie un
seul instant qui méritât d'être regretté.
Que nos deux benjamins vivent, et que nous
mourions, toi et moi, n'est-ce pas ton vœu
le plus cher ?

— Oh ! oui, dit-elle,

— Tu me pardonnes donc ?

— Ma raison te pardonne ; mais mon
cœur de mère n'est pas encore assez fort
pour t'absoudre... Cependant, quand je
pense à l'état où étaient ces adorables pe-

tits, et que je les vois maintenant, en esprit, abondamment nourris sur les genoux de ces dignes sœurs de la Miséricorde, je ne puis m'empêcher de me réjouir de la violence que tu as faite à toi, à eux et à moi, et de bénir ton courage en maudissant ceux qui me les ont enlevés!

— C'est bon. » me dis-je tout bas en moi-même.

Et l'ombre d'une faute plus terrible me passa par l'esprit sans s'y arrêter, comme un mensonge plus vertueux et plus salutaire encore pour nos jumeaux, si jamais mon innocente amie Annunziata, interrogée par le juge, venait à se faire reconnaître comme la plus pure des créatures, et à obtenir ainsi qu'on lui rendît ses enfants, ou plutôt ces victimes de l'amour maternel.

LXIII

Nous restâmes à la Vicaria environ trois mois, sans être ni interrogées ni jugées. Nous passions nos jours loin des autres, dans les ateliers et dans les cours, à travailler avec assez de négligence pour notre entretien. La nuit, nous causions ensemble sans que la bonne Annunziata me reprochât jamais l'instant où elle m'avait découverte allant me précipiter dans la mer au pied du Pausilippe et causer les malheurs qui avaient été pour elle la suite de mon malheur. Elle était patiente et douce comme la brebis à qui on a enlevé ses agneaux pour les sevrer et les nourrir d'herbe succulente et verte dans le verger. Elle pensait toujours à revoler vers eux et à les presser librement dans ses bras.

J'y pensais autant qu'elle ; je les pleurais pendant qu'elle dormait; mais je ne me dissimulais pas néanmoins que leur sort actuel était cent fois préférable à notre longue agonie de faim à la maison. Tout me paraissait préférable à les recouvrer pour les supplicier encore.

LXIV

Au bout de trois mois, — temps que l'on ne comptait pas avec nous, parce que l'on était bien sûr que nous avions mérité la réclusion, et que, la peine, selon nos juges, précédât ou suivît le jugement, c'était toujours la même peine; — on me fit comparaître la première devant le tribunal correctionnel de la Vicaria.

« Quel est votre nom? me demanda le président d'une voix rude.

— Antoniella, lui dis-je.

— Que faisiez-vous au cimetière de San-Martino pendant la première nuit où vous y fûtes saisie par la patrouille de police et menée chez le juge, qui vous excusa à cause de votre extrême jeunesse?

— J'allais pleurer et mourir sur la fosse de mon père.

— Où allâtes-vous, après votre mise en liberté ?

— J'allai me réfugier dans l'égout de Monte-Oliveto, pour cacher ma honte ; et, la nuit venue, j'en sortis pour aller me noyer dans la mer au bas du Pausilippe, près du palais de la reine Jeanne.

— Et qui vous sauva?

— Ce fut une ancienne servante de mon père, Annunziata, mariée à un invalide pensionné, et mère, depuis deux ans, de deux jolis jumeaux, qu'elle nourrissait avec la pension de son mari malade. Elle me reconnut, m'emmena par force chez elle, et obtint de son mari de me donner asile malgré sa misère. Celui-ci mourut peu de temps après ; nous tombâmes dans l'indigence, ensuite dans la faim, et nous allions mourir tous les quatre, quand, dans la dernière nuit, la fièvre de chagrin me saisit et me suggéra l'idée d'aller de nouveau au cimetière près de la tombe de mon père; de m'y faire arrêter, pour manger le pain de la Vicaria, et de dénoncer Annunziata, afin que la police l'arrêtât aussi et lui prît ses deux jumeaux, qu'elle n'eût jamais livrés autrement, pour les soustraire à la mort par la faim.

— C'est bien, me dit alors le président. Le tribunal voit en vous une débauchée en récidive malgré l'indulgence qui vous avait fait acquitter une première fois. »

Le tribunal délibéra un instant. Je fus condamnée à cinq ans de réclusion dans la maison des filles repenties de Capo-di-Chivo. On m'emmena et l'on me recommanda comme une coupable très-dangereuse à la supérieure, qui me donna les travaux les plus pénibles de la maison.

Il me fut impossible, pendant environ six semaines, d'apprendre ce qui était arrivé d'Annunziata.

LXV

Mais, après ces quarante jours d'angoisse, j'appris par une autre fille, arrivée comme moi de la Vicaria aux Repenties, que ma compagne d'arrestation Annunziata, à la suite de son interrogatoire, qui avait laissé dans l'esprit des juges des incertitudes sur sa culpabilité, avait été ajournée à une autre session, c'est-à-dire jusqu'à ce qu'on pût avoir des renseignements sur elle auprès du ministre de la guerre comme veuve

d'invalide, et qu'elle avait beaucoup d'espoir que ses enfants, retirés de la Miséricorde, lui seraient rendus le jour où elle
serait elle-même reconnue innocente de
toute complicité avec moi.

Toutes mes inquiétudes et tous mes soucis
sur le sort des jumeaux, que je voyais nuit
et jour exténués de misère et mourant de
faim sur mes genoux, me remontèrent en
foule dans la tête et vinrent donner de nouveau assaut à ma sensibilité.

Comme je n'osais m'entretenir avec
aucune de mes compagnes de prison de mes
idées à ce sujet, ces idées, bientôt pétrifiées
en moi par l'uniformité et par l'obsession de
ma tendresse pour les enfants et pour la
mère, devinrent une espèce de manie dans
ma solitude, et je ne pensai plus qu'à m'en

soulager à tout prix, même par la mort.

J'attendis le moment où les juges de la Vicaria ouvriraient leur prochaine session, et me feraient sans doute appeler devant eux, comme amie d'Annunziata et comme témoin de sa conduite, pour décider en conscience si réellement elle était ma complice.

Elle, de son côté, je n'en doute pas, se réjouissait d'une comparution qui devait prouver son innocence, et lui faire rendre la liberté et ses fruits d'amour. Le petit travail qu'elle avait appris, ainsi que moi, dans la Vicaria, lui donnait l'espérance de pouvoir vivre avec eux et moi lorsqu'elle serait libre.

LXVI

En effet, on vint me tirer du couvent des
Repenties au moment du jugement d'Annunziata. — Que n'étais-je morte avant ce
jour fatal !

Je rentrai à la Vicaria; mais pour
m'épargner tout entretien avec Annunziata
et toute fréquentation avec mes compagnes,
qui auraient pu corrompre en moi, par
leurs propos, les fruits de conversion que
j'étais censée rapporter de mon séjour aux
Repenties, on me mit au secret dans une
chambre haute de la prison.

Je passai là deux jours toute seule. Cet

isolement, quoique prudent en lui-même, produisit en moi, par l'espèce de frénésie qu'inspire la complète solitude, la confirmation de mon horrible pensée!

« Que se passera-t-il quand tu vas sortir de là? me demandais-je à moi-même. On te renverra aux Repenties pour un temps indéterminé. Annunziata, libérée, reprendra avec elle ses charmants jumeaux; elle essayera de les nourrir de son travail, dans quelque grenier de Naples; elle pense y parvenir, sous l'illusion de sa tendresse pour eux; mais, moi, je ne puis me faire aucune illusion, je vois les choses comme elles vont être dans la pratique : la faim, qui les a poursuivis dès le berceau, les atteindra au bout de peu de jours, et, un matin, on les trouvera tous morts sur leur

grabat, dans les bras les uns des autres...
Non, non, non! il n'en sera pas ainsi,
m'écriai-je. Mourons toutes deux, mais
qu'ils vivent! »

LXVII

Alors se dessina dans ma tête maladive
le plus horrible plan de dévouement mortel
qui ait jamais traversé une pensée humaine.

« Sauve-les, en perdant toi et leur
mère! Tu ne leur feras point de tort; car
combien de fois ne t'a-t-elle pas dit dans
notre premier supplice : « Mon Dieu! pre-
nez ma vie pour prolonger leur vie! » Si

elle n'avait pas aujourd'hui la force de s'en séparer volontairement et de perdre, pour leur salut, sa réputation, l'honneur et la vie, sois courageuse pour elle; dévoue-toi plus qu'à la mort, dévoue-toi et dévoue-la avec toi à l'infamie et au supplice. Elle t'accusera un moment de trahison et d'ignominie : tu supporteras ces noms infâmes, et, quand il sera trop tard pour que le glaive s'écarte de sa tête et de la tienne, tu rendras un solennel hommage à son innocence, et tu légueras ses enfants à la justice et à la réparation des hommes! »

LXVII

Tel fut le plan de mensonge et de hideuse calomnie que j'osai concevoir sans en parler à personne, et qui m'inspira, comme une émanation de l'enfer, tout ce que je dis et tout ce que je fis dans un épouvantable et froid vertige de sentiments et d'idées.

Je le reconnais trop tard maintenant, c'était une inspiration démoniaque; la vertu par le crime, la reconnaissance par la calomnie, la vie des uns par le supplice des autres! le délire enfin! mais, alors, ce délire pour la préservation de nos enfants me possédait à tel point, que je ne concevais pas le moindre doute sur le caractère de mon crime, et que je me glorifiais intérieurement d'avoir inventé une vertu qui avait toutes les apparences des plus exécrables forfaits!

« Accomplis-le, me disais-je, accomplis-le sans lever les yeux sur ta chère et innocente victime. Tu lui rendras ensuite l'hommage qui lui est dû. Coupable un jour, et suppliciée avec toi aux yeux des hommes, elle sera justifiée éternellement aux yeux de Dieu! »

LXIX

J'étais dans ces dispositions frénétiques mais calmes, quand, le deuxième jour, à midi, on vint me prendre dans ma cellule du grenier de la Vicaria. pour m'interroger sur mes relations avec Annunziata et sa famille.

Je racontai tout d'abord aux trois juges, comme on l'a vu plus haut, ma naissance, mon malheur, les services maternels que m'avaient rendus Annunziata, puis son mariage avec le jeune invalide, la mort de mon père. mon expulsion du toit paternel, ma fuite, mon égarement, la rencontre de mon ancienne servante devant sa porte. son étonnement, l'asile donné par tendresse à celle qui avait été plus que sa fille, ma résidence avec son mari, ses enfants et elle. puis la mort du soldat invalide, la cessation de sa pension, notre misère tous les jours croissante. l'exténuation de la famille, la mort imminente des deux jumeaux, mon désespoir, ma résolution d'aller acheter, au prix de la honte, de quoi sauver de la faim la famille d'Annunziata et moi, mon arrestation, celle de ma compagne, l'enlèvement des pauvres petits qui étaient à nous deux, et enfin ma condamnation et mon transfèrement aux Repenties, tandis qu'Annunziata restait à la Vicaria pour être jugée une seconde fois.

« Eh bien, me dit le président, racontez-nous maintenant tout ce que vous savez de la conduite d'Annunziata depuis que vous avez vécu ensemble, et, quelle que soit votre répugance à vous souiller vous-même, avouez tout et ne laissez rien ignorer à la justice de ce qui peut l'éclairer sur vos actes pendant que vous habitiez avec elle. »

Ici un nuage passa sur mes yeux; je sentis trembler le plancher sous mes pieds; je crus que le ciel tournait au-dessus de ma tête. Je commençai, je m'interrompis, je balbutiai. L'étonnement du tribunal redoubla; on me pria de me rasseoir, on m'apporta un verre d'eau pour me remettre, on me questionna de nouveau, et voici l'histoire telle que je l'avais imaginée et telle que j'osai la dire aux juges.

LXX

« Quelques mois après le jour où j'avais été recueillie par mon amie Annunziata dans sa maison, et où la mort de son

mari nous avait laissées dans la plus grande
indigence, des douleurs sourdes m'annon-
cèrent que j'étais enceinte.

« Annunziata me dit :

« — C'est la suite de la nuit terrible que
tu as passée au cimetière, endormie sur la
fosse de ton père. Il faut rendre ce malheureux fruit du crime à la terre où il a
été conçu. Il est évident que tu ne peux
accoucher ici impunément. Si ton enfant
vit, avec quoi en soutiendrons-nous trois,
nous qui ne pouvons même suffire à en
nourrir deux? Ce seraient trois meurtres!...
Suis-moi, quand tu sentiras que ton fardeau
va tomber de tes entrailles; je te conduirai
au cimetière, nous creuserons une fosse dans
la terre sablonneuse, à côté du tombeau de
ton père, si l'enfant est mort en naissant,

comme je le pense; si, au contraire, il est
vivant. nous le laisserons vagir. et il sera
recueilli par les patrouilles du matin.

LXXI

« Que vouliez-vous que je fisse. mes-
sieurs? continuai-je. La nuit tombait ; je ne
pouvais ni abandonner mon enfant à côté
de la maison. qui m'aurait fait découvrir
dans le cas où il aurait vécu, ni l'enterrer
sous les pierres de la cour dans le cas où il
serait mort en naissant. D'ailleurs, le tombeau de mon père m'inspirait une supersti-
tion. Je me disais :

« — Ce bon père viendra au secours de

sa fille; il m'inspirera ce qu'il y aura à faire; ses prières obtiendront du ciel notre salut à tous. »

« Les douleurs me pressaient; nous montâmes au cimetière; nous nous cachâmes derrière quelques cyprès, à côté de la fosse. et. au bout d'un instant. je mis au monde un bel enfant bien vivant, qu'Annunziata reçut dans son tablier.

« Je m'étais évanouie; quand je revins à moi. elle me montra le corps de l'enfant qui ne donnait plus signe de vie. Elle avait déjà creusé avec ses ongles une petite fosse dans le sable pour l'enterrer.

« — Non. m'écriai-je. ne le laissons pas ici. Il serait découvert, on ferait des recherches, et la mère pourrait être découverte aussi. Allons porter le corps au bas

de la colline ; jetons-le dans le lit torren-
tueux du Liri, qui coule au pied du Pausilippe et qui le roulera à la mer ; ainsi tous
les vestiges disparaîtront. »

« Je me relevai. La vie paraissait revenir
à l'enfant ; nous le portâmes tour à tour.
sans être arrêtées, jusqu'au torrent grossi
par les pluies d'automne. Je voulus l'y
lancer, la pitié me retint. je n'en eus pas
le courage ; mais Annunziata, plus forte, le
prit par un pied. et le lança loin de nous
dans le gouffre.

« Un faible cri retentit et fut étouffé par
la clameur des eaux.

« — Viens. me dit Annunziata en m'embrassant. Le Liri seul connaît ce mystère.
Sauvons-nous, et oublie toi-même qu'un
crime te fit mère, et que l'amitié a partagé

ton autre crime pour te délivrer de ton
fruit. »

Je me tus.

LXXII

A cet épouvantable récit, le tribunal de
la Vicaria, découvrant un forfait contre la
nature au lieu d'un délit pardonnable qu'il
attendait, frémit d'horreur, m'accabla des
épithètes les plus flétrissantes, déclara sur
l'heure son incompétence, et ordonna que,
la malheureuse Annunziata et moi, nous
serions transférées au tribunal criminel,
pour être confrontées l'une avec l'autre, et

condamnées selon la rigueur des lois et l'énormité du crime.

Je ne vis donc point l'amie que je conduisais à la mort par cette calomnieuse dénonciation, avant la séance du tribunal criminel. Le délai dura plus d'un mois.

« Tant mieux ! pensais-je. Pendant ce temps, les jumeaux mangent le pain du roi et boivent le lait du couvent. Qu'importent les femmes ! »

LXXIII

On nous avait transportées et incarcérées seules et séparément dans la prison criminelle.

Cependant la rumeur publique, qui s'introduit jusque dans les cachots, et l'interrogatoire du procureur général, avaient appris à Annunziata l'horreur dont elle était accusée par moi. Elle trouva cette accusation d'une fille à qui elle avait servi de mère et avec laquelle elle avait partagé son pain, si atroce d'ingratitude, qu'elle ne consentit à y croire qu'après les affirmations réitérées du procureur général.

Son étonnement la rendit d'abord muette; mais ces hommes, qui ont l'habitude de flairer partout le crime, ne supposent pas l'innocence; ils prennent la stupeur de l'accusé pour la conviction. Ce silence confirma le magistrat dans la culpabilité d'Annunziata. Ses dénégations, naturellement dénuées de toute preuve, contre le témoi-

gnage de son amie et de sa complice. laissèrent planer sur elle des soupçons égaux
à la certitude du forfait.

Rentrée dans son cachot, elle tomba la
tête contre le plancher, sanglotant non sur
elle, mais sur moi, et, en réfléchissant à
l'impossibilité d'une telle perversité dans
une créature humaine, en retour de tant
d'affection, de soins, de bienfaits, l'idée lui
vint que c'était hors de nature et que Dieu
m'avait privée de la raison. Alors, elle me
plaignit et me pardonna dans son cœur.
Elle avait tant de bonté naturelle, qu'elle
ne pouvait croire à la perversité que sous la
forme de la démence.

LXXIV

Ce fut dans cette disposition de cœur et d'esprit de la malheureuse Annunziata que le jour de notre jugement arriva et que nous comparûmes en public devant le tribunal, pour crime d'infanticide.

La foule, attirée par les détails horribles d'un pareil forfait. était immense dans le prétoire; les juges étaient prévenus mais attentifs.

Annunziata, réputée la plus coupable à cause de son âge et de son influence sur sa jeune amie. était entrée la première. Son

sordide costume dénotait l'indigence; on
sait qu'elle avait tout vendu pour donner
aux jumeaux une dernière goutte de lait;
son extérieur était loin de prévenir en sa
faveur. Son visage seul et ses yeux annonçaient une bonté confuse, que le public prit
naturellement pour une hyprocrisie qui
étonnait, mais qui ajoutait à l'horreur de
son prétendu crime.

Quand j'entrai après elle dans le prétoire
et que mes regards tombèrent sur ses yeux.
j'oubliai entièrement mon rôle d'accusatrice,
je ne sentis plus que l'impulsion de souvenir et de tendresse qui m'attachait à elle
comme à l'image de la Providence sur la
terre : mes larmes montèrent à mes yeux
comme deux sources qui se rouvrent après
une longue sécheresse; je tendis involontai-

rement les bras vers elle, et je me jetai à ses pieds en sanglotant.

« Annunziata! Annunziata! pardonne-moi! lui dis-je tout bas. Je ne suis ni méchante ni folle; mais je veux, en nous perdant, sauver la vie de tes jumeaux. »

Et, comme ces paroles semblaient la confirmer dans l'idée de ma démence :

« Je veux sauver les enfants, je veux les sauver, répétai-je; je les sauverai. Ne te défends pas! ne te défends pas! Sachons mourir pour qu'ils vivent! »

Ces paroles, qu'Annunziata ne comprenait pas, me faisaient passer pour d'autant plus folle à ses yeux. Elle me releva en me serrant contre son cœur avec des larmes; les miennes répondirent aux siennes. On nous sépara, et les gendarmes, se plaçant

entre nous deux, nous rejetèrent, sans que
nous puissions nous parler l'une à l'autre.
aux deux extrémités du banc.

LXXV

« Annunziata? dit le président du tribunal, vous allez entendre, par la voix
de l'avocat général, l'horrible accusation
portée contre vous, et confirmée par le
témoignage d'Antoniella, votre complice. »

Alors, le procureur général prit la parole.
Son discours fut à la fois pathétique et terrible; souvent interrompu par les explo-
sions et les sanglots de l'auditoire, il fit tour
à tour frémir et pâlir les spectateurs. Il

montra Annunziata, douée d'abord de quelques petites vertus instinctives comme celles
des brutes, qui se dévouent à nourrir leurs
petits tout en dévorant les petits des autres,
pervertie par la misère jusqu'à conseiller et
aider le crime, pour se délivrer d'un embarras vivant, avec une cruauté machinale.
Il n'aggrava pas ma situation à moi; il me
fit voir cédant involontairement d'abord à
d'affreuses insinuations, ne sachant pas
d'avance ce qu'on prétendait faire de mon
fruit; puis il raconta mon évanouissement,
puis le commencement d'étouffement dans
la fosse de mon père, puis la réflexion
d'Annunziata, qui craint que les animaux
carnassiers ne la dénoncent en découvrant
le corps sous leurs griffes; puis notre fuite
hors du cimetière en emportant avec nous

le corps en apparence inanimé de la victime, notre arrivée au bord du Liri, le geste forcené d'Annunziata arrachant le corps de mon tablier et le lançant par les pieds aux flots débordés du torrent, puis le léger cri de l'enfant assassiné au moment où il tomba dans les eaux, ce cri qui révèle que la victime était vivante, et qui lègue le remords aux assassins, une preuve à la justice, une vengeance à la société! ce cri qui ne cessera de retentir à nos oreilles jusqu'à ce que Annunziata ait expiré sur l'échafaud son épouvantable forfait!

Il demanda la mort pour elle; pour moi, victime innocente d'abord et à demi trompée des embûches de cette compagne perverse, il me recommanda à l'indulgence des juges, à la pitié de l'opinion, à la correction, dans la maison des Repenties, des mauvaises mœurs dont j'avais eu, depuis mon enfance, l'exemple sous les yeux.

On applaudit, on pleura. Toute la rage s'alluma et se tourna contre mon amie.

LXXVI

Annunziata, consternée d'étonnement, ne savait si elle écoutait un rêve ou une imprécation contre elle-même dans cet éloquent discours. Elle pleurait et n'était pas capable de répondre. Son défenseur, atterré par son silence, ne parla que de son repentir et de la croyance où elle était que l'enfant jeté dans le fleuve avait cessé de vivre. Mais le cri de la victime au moment où elle avait été lancée à l'eau lui répondait, en incriminant trop l'intention meurtrière d'une femme aussi expérimentée qu'Annunziata.

« Qu'avez-vous à ajouter pour votre justification? lui demanda le président.

—Rien, dit-elle, si ce n'est que l'accusation de la pauvre Antoniella est la preuve de sa folie; qu'elle n'est jamais accouchée chez moi; que je n'ai point tué son enfant pendant qu'elle servait aux miens de seconde mère; que je serais morte plutôt que de commettre un tel crime, et que je vous supplie de lui demander une dernière fois si elle persiste dans son accusation. »

LXXVII

Elle me voyait à deux pas d'elle, la regardant tendrement, pendant le discours du procureur général, et fondant en larmes; elle ne doutait pas que ce ne fussent des larmes de repentir, et que je ne m'empressasse de démentir, au dernier moment, l'horrible rêve que, sans qu'elle comprît pourquoi, j'avais débité contre elle.

Le président m'interrogea avec douceur:

« Persévérez-vous, me dit-il, à déclarer devant Dieu et devant les hommes que vous êtes accouchée pendant votre séjour chez

Annunziata; qu'elle vous a conduite, sous de pieux prétextes, à la tombe de votre père; que vous y avez mis au monde un enfant, et que vous vous êtes ensuite évanouie; qu'à votre réveil, vous avez trouvé votre enfant à demi enseveli dans le sable; qu'Annunziata l'en a retiré pour aller au Liri, jeter le corps accusateur dans les vagues; que vous avez vous-même porté le corps inanimé dans votre tablier; qu'arrivée près du Liri débordé, Annunziata l'a pris par les pieds et lancé au milieu du fleuve; enfin, qu'un léger cri est sorti de sa bouche et a prouvé qu'il était vivant? »

Tous les regards étaient tendus vers moi, et surtout ceux d'Annunziata, pour attendre et en quelque sorte pour m'arracher ma réponse. Je la regardai en face sans pâlir, au fond des yeux, comme pour la pénétrer de ma pensée secrète et lui dire : « Ne me démens pas, ne me méprise pas si je t'accuse ! » Puis, me levant et me raffermissant dans mon imposture :

« Oui, répondis-je d'une voix assurée et forte, je persévère à avouer notre crime. J'ai mis au monde un enfant, aidée et secourue par Annunziata. Nous étions seules dans la nuit au tombeau de mon père; elle a d'abord enseveli mon fruit dans le sable, puis elle a changé d'avis, elle m'a remis le corps de l'enfant dans mon tablier, et, arrivée au bord du Liri, au clair de lune, elle a pris mon enfant par les pieds, et elle l'a lancé, tout vivant, dans le fleuve; en tombant dans l'eau, il a poussé un léger cri que j'entends toujours. C'est là la vérité ! »

L'auditoire, à cette affirmation, poussa
une exclamation d'horreur.

Annunziata retomba évanouie sur son
banc. Cet évanouissement attesta ma véra-
cité et son crime. On l'emporta convaincue
dans son cachot. Je demandai à y être
conduite moi-même. pour lui donner des
soins et des exhortations, jusqu'au jour de
son jugement. On m'accorda cette grâce,
et on me jeta sur la même paille qu'elle
dans le même cabanon.

LXXVIII

« Que je te plains ! me dit-elle avec une
ineffable douceur. quand elle me reconnut.

Tu m'ôtes la vie, à moi qui t'aurais cent fois donné la mienne! Mais je ne t'en veux pas. Il faut que les souffrances que tu as subies avec moi et mes malheureux nourrissons t'aient troublé la raison et égarée jusqu'au froid délire dont tu viens de me donner la preuve!

— Eh bien, tu te trompes, lui répondis-je. Je jouis de toute ma raison, et c'est avec une connaissance complète de mon mensonge et de mon ingratitude envers toi que je t'ai accusée en m'accusant moi-même de notre crime imaginaire.

— Que veux-tu dire? et quel a donc été ton odieux dessein? reprit-elle. De tous les biens dont Dieu avait comblé le commencement de ma vie, il ne me restait qu'un nom intact, et dans mon pauvre cœur sur-

vivait le sentiment d'une conscience incapable d'un crime; et c'est toi, toi que j'ai
élevée et nourrie avec plus d'amour que
mes propres enfants, qui m'enlèves, par
une infâme imputation, ce que j'appréciais
plus que cent mille vies, c'est-à-dire l'honneur d'une vie sans tache!... Encore une
fois, explique-toi, et rends-moi, aux yeux
des hommes, l'innocence dont tu les as fait
douter!

— Non, répondis-je à la malheureuse
Annunziata en précipitant mes bras à son
cou et ma tête sur son sein; non! je ne te la
rendrai jamais, que quand il sera trop tard
sur la terre pour que tu jouisses de la réparation... Alors, alors seulement, je tom-
berai à tes pieds, et je te rendrai ta vertu
devant les hommes; et le poids de l'indi-

gnation publique m'écrasera à mon tour, et
la pitié du monde te suivra dans le ciel,
où tu n'auras fait que me précéder !

— C'est le langage d'une insensée !
s'écria Annunziata, comme épouvantée de
ma démence.

— Eh bien, repris-je, insensée ou non,
je conduirai mon crime jusqu'au bout. Et,
puisque tu veux savoir qui m'y a poussé,
apprends que c'est toi-même, et que, si
c'était à refaire, je le referais encore. »

LXXIX

Alors, je continuai ainsi :

« Quand nous fûmes, toi et moi, réduites par la dureté des voisins et par l'excès de nos misères à cette exténuation qui nous retint sur notre paille, les deux tendres jumeaux couchés mourants entre ton corps et le mien, je sentis la mort s'insinuer dans mes veines. Elle ne me fit pas horreur pour moi, ni même pour toi ; nous n'avions rien à espérer sur la terre que la continuation du même supplice dont nous étions déchirées ; notre mort à toutes deux n'était qu'une délivrance ; mais je songeais à ces innocents ! Je voyais les couleurs de la vie s'effacer lentement de leurs joues et se remplacer par les teintes livides de l'agonie ; je me dis :

« — Plus faibles que nous, ils vont mourir avant nous, et nous n'expirerons que sur leurs corps. »

« Cette image m'obséda, me troubla, me décida ; je résolus notre mort à toi et à moi, pour les sauver. Cette pensée, qui est encore la mienne, j'étais bien sûre qu'elle serait la tienne quand tu la connaîtrais, puisque ta tendresse pour eux égalait ou surpassait, s'il se peut, la mienne, cette pensée ne me laissa pas hésiter plus long-temps. Je résolus de te faire violence, par une force irrésistible et sans discussion des hommes, qui t'enlèverait ces malheu-reuses et chères victimes de notre amour et qui leur donnerait le pain et le lait des orphelins à la Miséricorde, et à nous la mort, sans que tu fusses coupable du sui-cide.

« — Ce suicide, c'est moi seule qui le commets, me dis-je ; c'est sur moi seule

que Dieu le punira! Allons, accomplissons
résolûment ce que Dieu m'inspire! »

LXXX

« Ce fut alors que je me glissai sans bruit
de notre couche dans la cour, que je
montai véritablement comme une folle au
cimetière, près de la fosse de mon père,
et qu'après l'avoir prié pour qu'il bénît
mon dessein, j'épiai moi-même le passage d'une patrouille... Je me laissai
saisir; je dénonçai ton logement, où l'on
alla te prendre comme ma complice, en
emportant de force tes jumeaux à la maison
des orphelins, et je fus conduite à la Vi-

caria comme prisonnière; tu y fus toi-
même renfermée avec moi, peu d'instants
après moi. Je me gardai bien de te rien
avouer de mes projets jusqu'au jour où
j'appris qu'on reconnaissait ton innocence,
et qu'on allait te rendre tes jumeaux pour
mourir bientôt de misère avec toi!

« — Lui rendre ses enfants! me dis-je;
les condamner au banquet d'inanition avec
elle, comme la première fois! les faire
trouver morts sur la litière avec elle, un
matin d'un jour d'hiver! Non, non, non!
plutôt nous accuser nous-mêmes d'un forfait imaginaire, horrible! nous laisser condamner sur les apparences et supplicier
pour eux! »

« Voilà ma pensée, Annunziata; la voilà!
Voilà pourquoi, hier, quand nous avons

comparu pour être confrontées l'une avec
l'autre, j'ai voulu, en entrant dans l'audience, te faire comprendre de ne pas me
démentir quand j'allais t'accuser; voilà
pourquoi mon accusation, en apparence si
ingrate et si mensongère, t'a écrasée
d'étonnement et t'a enlevé la parole et la
présence d'esprit pour me démentir; voilà
pourquoi, enfin, tu as été presque condamnée à mourir, et pourquoi, après ta
mort, la mienne devient certaine, quand je
m'accuserai moi-même de t'avoir envoyée,
innocente, au ciel, par mon odieuse calomnie! Me comprends-tu maintenant? Oui,
nous serons mortes toutes les deux, sous-
traites à jamais à tous les martyres que
nous souffrons depuis trois ans ensemble
pour les enfants; mais ces enfants, plus

chers que la vie, vivront dans l'abondance que notre mort leur assure! »

Pendant que je parlais ainsi, l'infortunée Annunziata semblait ouvrir enfin les yeux de son esprit et ceux de son corps à une lumière nouvelle et surnaturelle qui dessillait son intelligence, bonne mais neuve.

« Alors, dit-elle, tu n'as voulu que me contraindre à un généreux suicide, et t'y associer avec moi, pour assurer, par notre mort, un asile et du pain à nos chers jumeaux?

— C'est cela! lui répondis-je; tu me comprends enfin; mais tu me comprends à l'heure où le mal, s'il y en a, est irréparable, et où il te faudra mourir, coupable ou innocente, et moi mourir déshonorée et justement punie après! Eh bien, réfléchis et décide-toi. Dans huit jours, nous allons être rappelées devant le tribunal; si tu persistes à nier ta complicité avec moi, les juges ne te croiront pas et t'enverront au supplice; si, au contraire, tu avoues, par ton silence, notre culpabilité, tu mourras également; mais tu auras, en mourant, donné tout ton sang à tes jumeaux, et mon témoignage, après ton supplice, te justifiera à jamais devant les hommes, et fera de ta mort un holocauste volontaire et héroïque à l'amour d'une mère pour ses fils! »

LXXXI

Je me tus après ces paroles.

La mort n'effrayait pas la courageuse

Annunziata; la honte seule de paraître un
instant coupable d'un infanticide lui avait
paru insupportable; mais cette honte, elle
l'avait bue déjà, la veille, devant l'auditoire et devant les premiers juges; elle reconnut aisément qu'on ne lui rendrait ses
jumeaux qu'à la charge de les voir expirer
de misère sous ses yeux, et que mourir
pour eux était le seul moyen de leur assurer
un abri, des vêtements, de la nourriture et
de l'éducation. Elle resta près d'une heure
sans répondre, la tête penchée sur ses deux
mains, comme quelqu'un qui balance une
énigme dans sa pensée et qui finit par en
découvrir le sens.

« Eh bien, oui! s'écria-t-elle en éten-
dant les bras et en relevant la tête vers la
voûte du cachot; oui, tu as eu raison dans

ta folie de la nuit suprême ; oui, sans ta
résolution criminelle, mais salutaire, nos enfants seraient morts, et le matin eût révélé
aux passants quatre victimes de la faim
dans les bras les unes des autres. Tu nous
as perdues, mais tu les as préservés ; tu as
été la main de la Providence, dure, mais
nécessaire. Je te pardonne, et que Dieu te
bénisse ! Mes enfants te doivent, et ils te
devront ce que leur mère, au cœur de
mère, n'aurait jamais eu la force de leur
donner : la vie, aux dépens de sa mort et
de son honneur ! Cet honneur, tu le
rendras avec usure à mon nom, après mon
supplice. On ne dira plus : « Cette mère a
tué un enfant ! » on dira : « Cette mère s'est
laissé tuer pour ses fils ! » J'accepte ! j'accepte ! j'accepte ! Fais et dis ce que tu

voudras, je ne te désavouerai point, et tu ne te désavoueras toi-même que quand la hache du bourreau aura rendu l'erreur irréparable. Je me fie à toi : tu ne me survivras que le temps nécessaire pour m'innocenter ! »

Après ces mots, elle me serra sur son cœur comme autrefois, et nous restâmes ainsi inondées de larmes et étouffées de sanglots et de balbutiements confus, comme deux sœurs conduites au même échafaud.

LXXXII

Les huit derniers jours avant le jugement d'appel s'écoulèrent pour nous dans la même tendresse qu'avant mon accusation. Annunziata ne se souvenait plus que de ma première enfance, soignée et veillée par elle, à défaut de ma mère morte dont elle tenait la place ; puis de ma découverte à sa porte, au moment où le délire me conduisait à la mer du Pausilippe ; de l'asile donné si généreusement par son mari à sa requête ; de ma passion d'enfant pour ses petits, et de nos souffrances inouïes ensemble dans la nudité de sa demeure, où j'avais partagé, comme une autre mère, son dévouement pour les jumeaux. La parenté la plus complète et la plus indissoluble existait entre nos âmes ; en sorte qu'elle. moi, les deux jumeaux, nous ne formions pas deux familles, mais un même sang.

Nous répétâmes d'un commun accord

nos rôles et nous demandâmes à Dieu de
nous inspirer ce qui pouvait le mieux égarer l'arrêt de nos juges. Nous nous plon-
geâmes si bien dans notre crime imaginaire,
que nous finîmes presque par nous convaincre nous-mêmes des détails de notre
culpabilité. Qui n'a pas éprouvé cette hallucination complète dans des cerveaux
échauffés par l'uniformité d'une pensée?
En vérité, à la fin, nous ne croyions plus
mentir en affirmant aux autres ce que nous
nous étions ainsi affirmé à nous deux, dans
un but louable quoique faux.

LXXXIII

On nous laissa ainsi plusieurs mois dans
le dangereux contact d'une conviction maladive et contagieuse. Nous ne savions
réellement plus laquelle de nous deux avait
conçu, la première, la pensée désespérée
qui nous conduisait à la mort. La mort
n'était plus pour nous que l'ardente aspi-
ration au repos. Nous avions trop souffert
pour n'être pas à jamais lasses de la vie.
Notre seule consolation était de nous entretenir des deux jumeaux, auxquels nous
allions léguer le bien-être avec l'innocence
que nous consentions à perdre pour eux.

LXXXIV

Cependant, je dois dire que je regrettais encore quelque chose avec la vie. Il est bien rare qu'une jeune fille de mon âge n'ait pas, en traversant seulement la première matinée de son existence, aperçu et emporté quelque image fugitive de ce que l'existence peut offrir de plus enchanteur et de plus éblouissant. C'est comme l'ombre indécise et anticipée de l'avenir qui se jette. au lever de l'aurore, entre l'âme et la réalité. Oui, je portais cette ombre dans mon cœur, mais si profonde, si cachée, si mêlée de nuages, que je ne cherchais pas à l'éclairer, et que jamais, dans nos longs

14

entretiens et dans nos rêves à deux avec
Annunziata, je n'avais senti le besoin de
lui en parler. Parle-t-on des impossibilités
de ses songes?

LXXXV

Ce souvenir indéfinissable, qui n'était
pas même un souvenir, mais un je ne sais
quoi surgi d'un seul mot dans le cœur et
dans l'excès du malheur, réveillait de temps
en temps la mémoire, et me faisait rêver
l'impossible. C'était Lorenzo! Lorenzo, le
disciple muet du vieux médecin qui avait
soigné mon père, et qui, au moment même
où le vieux médecin mourait avant son

malade, avait été enlevé de la maison de
sa mère pour aller servir le roi dans l'armée de Sicile.

Je le voyais souvent, le jour ou la nuit.
devant le lit de mon père, debout derrière son maître le vieux praticien, les deux
mains jointes sur sa pauvre robe d'écolier,
le front baissé par la modestie, ses deux
beaux yeux noirs demi-fermés, pour mieux
entendre et pour mieux retenir, ses longs
cheveux pendants sur son habit ; je ne sais
quoi de gracieux et de féminin dans l'expression, quoique de sérieux et de triste
dans la physionomie, et laissant échapper
par moments un regard vague qui m'enveloppait comme une atmosphère, et qui
me semblait aussi tiède qu'un vent d'été
sur la mer du Pausilippe.

Et puis, quand je me sentais toute ré-
chauffée de cette image aérienne, et que je
cherchais à m'expliquer pourquoi j'y pensais ainsi, le son de sa voix venait s'y mêler,
et je croyais entendre cette parole si sonore,
si grave et si pénétrante, lorsqu'il m'avait
dit, en acceptant un seul fil au lieu d'un
écheveau de ma quenouille : « Non, je ne
veux qu'un fil ; mais il ne se brisera jamais ! »

LXXXVI

La figure rougissante de ce beau jeune
élève du vieux médecin, en se retirant après
avoir laissé échapper ces mots. les seuls

mots d'amour ou d'intérêt que j'eusse entendus jusque-là dans ma vie, était devenue
pour moi une apparition qui laisse un re-
tentissement éternel dans l'oreille, un
éblouissement ineffable dans les yeux.

J'y pensais depuis trois ans, toutes les
fois que j'étais libre de me livrer à mes
rêveries.

« — Mais lui, me disais-je, il n'y pense
plus! La mer et l'armée emportent dans
leur tumulte tous les serments inconsidérés
de la première enfance. N'y pensons donc
plus! »

Et j'y pensais toujours.

LXXXVII

Eh bien, je me trompais : il y pensait sans cesse ; et vous allez voir qu'il y pensait plus que moi-même.

Lorenzo, enlevé subitement, il y avait trois ans, à la pauvre veuve, sa mère, et à ses études médicales auprès de son vieux maître, le médecin des pauvres de San-Martino, avait été emporté en Sicile par un brick napolitain. Il y avait passé trois ans, pendant lesquels sa mère était morte de douleur à Naples ; il n'avait plus dans cette ville ni parents ni amis ; un seul souvenir l'y rappelait encore : c'était celui de

cette jeune fille, presque enfant, qu'il avait
vue au chevet de son père expirant, et dont
il n'avait voulu recevoir, pour tout ca-
deau, qu'un fil de sa quenouille, en disant
tout bas : « Il ne se rompra jamais ! »

LXXXVIII

Ses camarades, voyant qu'il était plus
instruit qu'eux et qu'il continuait à étudier
silencieusement dans ses heures de liberté,
avaient conçu pour lui autant d'amitié que
de considération. Il les soignait gratis, à
l'exemple de son maître, dans leurs rares
et légères maladies ; la reconnaissance
s'était jointe au respect. Il ne participait à

aucun de leurs libertinages de soldats; ses officiers mêmes le citaient comme un modèle de discipline et de bonne conduite; ils le firent monter en peu de temps au grade de sergent. Il n'en travaillait qu'avec plus de zèle.

LXXXIX

Vers cette époque, une vieille vivandière des faubourgs de Naples vint rejoindre son mari et ses deux fils dans l'armée de Sicile. Cette femme, curieuse et causeuse comme toutes les femmes de soldats, raconta un soir, devant Lorenzo. le crime d'infanticide qui avait été commis par deux scélérates du faubourg de San-Martino. Ce récit groupa les soldats pour l'entendre, et fit frémir d'horreur tout l'auditoire.

« J'ai bien connu, dit la vivandière, la femme de l'invalide, Annunziata. C'était pourtant une bonne mère, qui avait refusé de vendre ses jumeaux à une bohémienne. Elle avait la physionomie d'une Madone après le crucifiement de son fils, bien pâle, bien souffrante, mais bien douce! Comment se fait-il que tant de maternité se soit tout à coup changé en tant de férocité?

— Elle aura voulu sauver la réputation de la jeune servante Antoniella, laquelle lui aura demandé ce service, s'écria un caporal qui avait écouté l'histoire. Ces jeunes filles ont souvent plus mauvais cœur que les autres, parce qu'elles ne connaissent pas le mal et qu'elles perdent la tête en se voyant déshonorées. »

XC

Ce nom d'Antoniella fit dresser la tête au sergent Lorenzo.

« Qu'a-t-on su, dit-il à la vivandière, sur Antoniella? Quel âge avait-elle? D'où sortait-elle? Est-ce qu'elle était parente de l'assassin, pour lui demander un tel service?

— Tenez, lui répondit la vivandière, voici toute l'histoire, telle que je l'ai achetée moi-même sur le môle de Naples, d'un des poëtes lazzaroni qui la vendent avant le

supplice de ces misérables. Lisez vous-
même! »

Alors Lorenzo, qui seul savait lire cou-
ramment dans la compagnie, déroula la
complainte des deux infanticides, et la lut
à haute voix à ses camarades.

« Il y avait dans le faubourg du Pausilippe, disait le poëte, une jeune fille belle
comme la fille de Mahomet, et féroce
comme lui.

« Sa mère, née dans la montagne, pay-
sanne de la Barbarie des côtes de l'empire
du Maroc, s'était enfuie, avec un esclave
sicilien, sur les chameaux de Ben-Saïd, son
vieux père.

« L'esclave avait emporté aussi les bijoux de sa jeune maîtresse. Ils arrivèrent à

Naples. Elle se fit chrétienne, épousa son amant, et en eut une fille qu'elle appela Antoniella... »

— Dieu! murmura Lorenzo, Antoniella était le nom de la jeune enfant que j'avais connue au chevet de son père, et dont un fil de sa quenouille me lie éternellement à elle !...

Il continua :

« Noirs étaient ses cheveux, plus noirs encore ses beaux yeux, comme si un poison mortel de séduction y avait été répandu par la main d'Édris.

« Mais sa bouche trompeuse était douce comme le lait de la chèvre qui l'avait nourrie... »

— Se peut-il! s'écria de nouveau Lorenzo, tout tremblant et tout pâle, comme un homme qui voit lentement approcher un fantôme.

Il reprit d'une voix plus lamentable sa lecture, et poursuivit :

« Seize ans à peine étaient l'âge de cette sauvage beauté. Son père mourut ; on lui tua sa chèvre nourricière ; elle se sauva pour aller se jeter à la mer près du palais abandonné de la reine Jeanne ;

« Lorsqu'elle rencontra sur sa route Annunziata, femme d'un invalide pensionné, qui la mena dans sa maison, la traita et la nourrit comme sa propre fille, et lui confia ses enfants.

« Mais l'invalide étant venu à mourir, la pension cessa, et Antoniella dit à son amie :

« — Ne t'inquiète pas ; j'irai le soir au

« cimetière, et j'en rapporterai de quoi
« nourrir les jumeaux. »

« — Va, lui dit Annunziata; Dieu par-
« donne les péchés commis à bonne inten-
« tion. » Et elle alla, et au bout de neuf
mois, elle parut enceinte.

« — Viens au cimetière, dit Antoniella,
« Aide-moi à me délivrer de mon enfant
« sur la tombe de mon père; une servira
« pour deux, et tes chers jumeaux vivront. »

« Et Annunziata fit ce que la jeune fille
lui avait dit; et, dans la crainte qu'on ne
déterràt le petit cadavre pour les confondre,
elles le déterrèrent, et Annunziata le lança
par les pieds dans le torrent du Liri.

« Mais apprenez, ô âmes chrétiennes !
comment les païennes récompensent les
criminels dévouements de leurs complices.

Antoniella courut à l'instant dénoncer à la police le crime d'Annunziata et le sien, et Annunziata fut condamnée à l'échafaud, et Antoniella, à cause de sa dénonciation, fut condamnée à expier sa faute aux Repenties de Capo-di-Chino.

« Priez pour que Dieu accorde à Annunziata une sainte mort et le paradis, et pour que la jeune·Africaine passe dans les larmes une sainte vie ! »

XCI

La complainte tomba des doigts de l'infortuné Lorenzo. Il resta longtemps muet et inanimé, comme un homme foudroyé par

le tonnerre ; puis, interrogé par ses camarades, il ne répondit rien, et, le lendemain
matin, on trouva à la diane sa chambre
vide, et, sur son lit, une lettre adressée à
son lieutenant.

La voici, cette lettre ; je l'ai encore, et
je vous la confie pour me la rendre avant
mon dernier soupir.

« **Palerme, la nuit de ma désertion.**

« Mon lieutenant,

« Les hommes sont trompeurs ; mais ils
sont plus souvent trompés.

« Hier, la vivandière nous a apporté une
complainte de Naples, où une jeune fille, certainement innocente comme l'enfant qui vient
de naître, est accusée du plus grand des

crimes... Non, elle ne l'a pas commis, j'en suis sûr ; je la connais, c'est une infâme calomnie !

« Elle était la pureté même ; je puis attester que le mal lui était inconnu. C'est quelque erreur de la justice ou quelque insinuation inexplicable de la malheureuse qui lui avait donné asile pour la perdre en essayant de se sauver.

«'Je vais à Naples faire reconnaître son innocence. J'espère que Dieu, s'il en est temps encore, m'en fournira les moyens. Je reviendrai ensuite au régiment, pour y subir la peine, quelle qu'elle soit, que ma désertion mérite ; mais le premier devoir, c'est de rendre à l'innocence ce qu'on lui doit, l'attestation de sa vertu.

« LORENZO, *sergent.* »

XCII

Cette lettre écrite, Lorenzo laissa tous ses effets militaires au régiment ; il remit tout ce qu'il avait pu recevoir, en trois ans, de dons de ses camarades et des pauvres reconnaissants pour les maladies qu'il avait guéries pendant ses loisirs ; il loua seulement sur le port une petite barque de pêcheur avec laquelle il franchit le détroit, et il débarqua dans la nuit suivante, sous un rocher de la côte de Calabre ; de là, son sac sur le dos, comme un militaire en congé, il s'achemina rapidement vers Naples. Il marchait jour et nuit, comme si la mort était

sur ses talons. Mon image marchait devant
lui.

XCIII

Arrivé à Naples, où il ne trouva plus ni
mère ni connaissances, il se logea dans le
Vomero, pour retrouver au moins quelques
traces du passé dans les lieux qu'il avait
habités.

Son premier soin fut de s'informer sur le
môle, où l'on sait tout, du jour où devaient
être jugées les deux femmes infanticides.
Les poëtes du môle qui avaient l'habitude
de faire les complaintes sur les grands
crimes du peuple, lui apprirent que ces

deux femmes, emprisonnées ensemble à la Vicaria, seraient transférées quelques jours après dans la prison criminelle, et jugées immédiatement par le tribunal.

Une sueur glacée inonda son front; il courut errer autour des murs de la Vicaria, et, à force de tentatives auprès des marchands d'oranges et de cocomeros qui vendaient leurs fruits dans la prison, il put me faire parvenir dans une orange un billet contenant ces mots : « Lorenzo est ici. »

XCIV

Je lus ce nom, et tout mon passé du vivant de mon père se réveilla en moi; je

revis Lorenzo comme un homme à qui on a
rêvé trois ans, et qu'on trouve, à son réveil,
assis au pied de son lit.

Il me sembla que la Providence évanouie
reprenait tout à coup sa place dans le
monde, et que le fil que Lorenzo avait emporté de moi allait suspendre de nouveau
toute ma destinée. Mais, hélas! ce n'était
qu'un fil!

Tous les jours, depuis ce jour-là, je reçus, par la même voie, tantôt un mot,
tantôt un autre; je tâchais d'en deviner le
sens, je me consumais en vaines conjectures; je croyais comprendre que Lorenzo
me jugeait innocente, et qu'il attribuait à
la malheureuse Annunziata le crime ou la
calomnie dont seule j'étais coupable. Je
n'avais aucun moyen de lui répondre;

j'étais forcée de laisser s'égarer ses pensées bien loin de la vérité !

Enfin, quand le jour du jugement public à l'audience fut fixé et que les crieurs de Toledo se mirent à le vociférer dans Naples, je reçus un dernier mot plus bref que tous les autres, et qui me faisait redouter autant qu'espérer la présence de Lorenzo : « J'y serai ! »

XCV

En effet, à l'heure fatale où l'on vint nous chercher pour comparaître devant les juges et devant l'immense multitude du peuple qui nous attendait. j'aperçus, à quelques pas de mon banc d'infamie, le jeune et beau Lorenzo, qui me regardait fixement, avec quelques larmes dans les yeux. et qui, du mouvement de ses lèvres, me balbutiait des mots inarticulés que je n'essayais pas même de comprendre.

Annunziata fut interrogée la première. parce que, du fond de notre cachot, elle avait demandé à se démentir elle-même et à faire des révélations.

— Parlez, lui dit le président. et racontez-nous comment et pourquoi vous êtes devenue coupable.

Annunziata, convaincue par moi que la mort et la honte étaient pour nous le seul moyen de sauver ses jumeaux, et leur faisant sans regret le sacrifice de sa réputa-

tion et de sa vie, se leva, et, d'une voix
ferme et élevée, dit aux juges :

« Que Dieu me pardonne comme vous
me pardonnerez après ma mort! J'ai voulu
vous tromper; mais le dernier moment me
rend à la vérité et à la justice des hommes.
Je suis coupable, frappez-moi. Je vous
remets toute ma vie; j'ai mérité le supplice, et je ne vous le reprocherai pas sous
le glaive qui tranchera mes jours.

— Comment avez-vous été conduite à
cet excès d'horreur, et quelle a été la cause
de ce forfait? demanda le juge.

— J'y ai été conduite par la misère et
par l'amitié, répondit-elle. J'aimais Antoniella; elle m'avait été remise dans les
mains comme une fille chérie par la Providence. Disposez de moi et ayez de l'in-

dulgence pour cette malheureuse enfant, presque innocente de mon crime, et ordonnez que mes pauvres jumeaux sans mère seront soignés et nourris à la Miséricorde. »

Une impression d'horreur mêlée de pitié courut sur tout l'auditoire; un profond silence suivit cette confession.

XCVI

Tout à coup, une voix terrible sortit de la foule, et s'écria :

« Ce n'est pas vrai! cette femme peut être coupable; mais Antoniella est calomniée, c'est moi qui l'affirme!

Les gendarmes se jetèrent sur le déser-

tour; ils voulurent lui fermer la bouche
avec la main; ils le firent asseoir sur le
banc, non loin de moi, et les juges m'inter-
rogèrent à mon tour.

« Parlez, Antoniella, » dit le président.

J'éprouvai alors un des plus affreux sup-
plices qui soient réservés à une créature
humaine sur cette terre : s'accuser innocente, dire son crime, et cela devant qui?
devant le jeune homme qu'on aime, qui
vous aime, et qui refuse de croire à votre
culpabilité, qui la déclare impossible, et qui
accuse de calomnie une autre innocente
aussi pure que vous-même! Se faire soi-
même coupable du mensonge le plus criminel et le plus digne du supplice, au moment où la sainte prévention de l'amour

vous en déclare incapable, de la seule autorité de son amour pour vous! Le démentir
dans sa croyance obstinée en vous, et lui
dire : « Non ! vous vous trompez, je suis
coupable, et vous vous perdez pour une
criminelle mille fois indigne de vous!... »
Dire cela, et être innocente! dire cela et
repousser obstinément la vertu qu'on vous
rapporte! dire cela, et contrister, en le disant, le seul cœur qui jurât de confiance en
vous, et qui préférât mourir à perdre l'opinion de votre pureté, ah! voilà ce qu'il
me restait à faire, et ce que je fis en
n'osant regarder Lorenzo et en espérant me
réhabiliter seule dans le ciel! .

XCVII

« Ne l'écoutez pas! m'écriai-je, ne l'écoutez pas! je suis coupable... C'est moi qui ai donné le jour à l'enfant du crime! c'est moi qui ai conjuré Annunziata de m'en délivrer à tout prix au tombeau de mon père! c'est moi qui, ensuite, ai porté l'enfant dans mon tablier jusqu'au bord du Liri, et qui l'ai livré à mon amie pour qu'elle le jetât dans le fleuve! J'ai entendu le cri retentir jusque dans mes entrailles! J'ai frémi, oui, mais j'ai consenti. Nous sommes coupables toutes deux; mais je suis plus coupable qu'elle, car c'est pour me sauver

qu'elle se perdait. Condamnez-la, mais ne
m'absolvez pas ! »

XCVIII

Des cris sourds d'horreur éclatèrent dans
l'auditoire. Lorenzo seul resta impassible.
Il se leva, malgré les deux gendarmes,
sourit avec amertume, et s'écria une seconde fois :

« Non, c'est impossible ! Regardez-
la, et dites si la parfaite innocence et le
crime achevé peuvent s'associer ainsi sur
la même figure ! Soyez sûrs qu'une raison
secrète a déterminé en elle cette accusation
contre elle-même, et que vous pleurerez

plus tard l'arrêt que vous voulez porter !

— Taisez-vous ! interrompit une voix formidable. Qu'on éloigne ce perturbateur de la justice, et qu'on le mène au corps de garde pour savoir qui il est, et de quel droit il prend ainsi la parole entre le tribunal et les accusés !

— Je suis un soldat du roi dans son armée de Sicile, dit Lorenzo. Informez-vous à mes officiers et à mes camarades : ils vous diront qui je suis. J'ai connu Antoniella enfant ; nous nous sommes promis attachement et fidélité tant que ce fil de sa quenouille ne se romprait pas. Le voilà ! ajouta-t-il en tirant le fil de son sein avec son rosaire, auquel il l'avait attaché. Il est intact, et l'honneur de celle qui me l'a donné l'est également. Je jure que l'enfant

qui vient de naître n'est pas plus pur que
son corps et que son âme, et que, si elle
confesse un forfait qu'elle n'a pas commis,
c'est pour un motif que nous ne pouvons
pas connaître! »

XCIX

J'étais tombée à genoux, la tête dans mes
mains, contre le rebord de ma stalle, aux
premiers accents de la voix de Lorenzo. Je
continuais à l'entendre comme du fond d'un
rêve. Je me réveillai, et je me soulevai tout
à fait, en tendant vers lui les bras, au
moment où les gendarmes l'entraînaient,
au milieu d'un grand tumulte, vers le corps
de garde de la place Medina.

Là, les officiers de la police l'interro-
gèrent. Il ne nia pas qu'il fût déserteur,
mais il affirma avoir quitté le régiment
sans avoir dérobé une seule cartouche ou
un seul grano, et dans le seul but de revoir
Antoniella avant sa mort, d'attester son
innocence, dont il était aussi sûr que de
sa vie, et de retourner ensuite au régiment
pour y subir son jugement et sa peine.

En considération de ces circonstances
atténuantes et de la force de l'amour, qui
compte pour tant à Naples, Lorenzo fut mis
simplement, en attendant des éclaircisse-
ments de Sicile, dans la prison de police de
Santa-Chiara, espèce de caserne pour les
militaires qui ne sont prévenus que de
quelque faute pardonnable.

Il s'y rendit sans murmurer, heureux de

souffrir pour moi. Tout le reste de ma situation était comme un nuage autour de sa tête.

C

Cependant le tribunal, certain du crime d'Annunziata par son aveu, incertain du mien par ma jeunesse, prononça un jugement conforme au premier : Annunziata fut condamnée à être mise à mort par la main du bourreau, sur la grande place du Marché où l'infortuné Conradin avait été décapité ; et moi, à être enfermée aux Repenties pendant dix ans.

CI

Quand l'arrêt fut promulgué, et que je
vis que, malgré mes dénégations, je n'avais
pu obtenir de mourir de la même mort
que mon amie, tout mon plan se renversa
dans ma tête comme un édifice sapé par
la base. Je me jetai alors, en enfant ou en
insensée, dans le plan contraire. Trompée
par le mensonge dont j'avais prétendu
égarer les autres, je me réfugiai dans la
vérité comme dans mon dernier asile; je
me levai de mon banc avec frénésie; j'en
appelai à Dieu, et je déclarai à haute voix,
aux juges et au public, que tout ce que,

Annunziata et moi, nous venions de confesser,
n'était que feinte et qu'imagination, et que
nous étions aussi innocentes du prétendu
infanticide que l'air qui soufflait du ciel par
les fenêtres de l'audience.

Annunziata, au contraire, heureuse de
mourir sans m'entraîner dans sa mort,
persévéra obstinément dans son silence, et
laissa croire à sa faute, brûlant de donner
sa vie pour ses jumeaux et pour moi.

Le tribunal, bien qu'il eût prononcé,
parut consterné de cette nouvelle face que
prenait inopinément le procès. Il ordonna
un sursis à l'exécution pour faire un sup-
plément d'enquête.

Nous fûmes reconduites, Annunziata
dans le cachot des condamnés à mort, moi
aux Repenties de Capo-di-Chino.

CII

Peu de jours après, les magistrats nom-
mèrent une commission d'enquête parmi
eux, pour s'assurer de la vérité des faits.
On vint me prendre aux Repenties, pour
me conduire avec Annunziata, d'abord
dans la maison de San-Martino que nous
habitions au moment du prétendu assassinat. Nos voisines, interrogées, répondirent qu'elles ne savaient rien du fait,
mais que nous en étions bien capables,
attendu qu'on ne nous confiait plus, depuis
longtemps, ni chemises à blanchir, ni dentelles à repasser, de peur que l'extrême

misère où nous paraissions réduites ne nous poussât à les mettre en gage ou à les dérober; que la faim pouvait bien nous avoir conduites au cimetière, et qu'il n'y avait pas loin du libertinage à l'assassinat d'un enfant.

Je répondis ce que l'innocence m'inspirait pour les confondre. sans nier toutefois que j'eusse été au cimetière prier sur la tombe de mon père, et me faire arrêter. pour qu'on enlevât les jumeaux affamés à l'amour meurtrier de leur mère. Mais cette explication. quoique vraie, parut si éloignée de toute probabilité, que les voisines se prirent à rire, et que mon délire de la nuit fatale leur fit l'effet d'une imagination de folle qui ne pouvait être crue par des hommes de bon sens.

Jusque-là, Annunziata ne me démentait pas; mais, en ce qui touchait mon accouchement dans le cimetière, elle soutenait fermement ses premiers aveux. J'avais mis au monde un enfant, fruit involontaire du crime d'un inconnu; je m'étais évanouie; elle avait profité de mon évanouissement pour me dérober mon enfant, et pour aller le jeter aux vagues turbulentes et débordées du Liri. Le clair de lune nous éclairait.

Mais là une contradiction étonnante de l'astronome de San-Martino donnait par sa science un démenti absolu à l'affirmation d'Annunziata : il avait consulté ses éphémérides et les notes de la température au mois et au jour où l'événement devait, selon nous, s'être accompli, et il en résultait deux mensonges évidents d'Annunziata : le

premier, c'est qu'il n'y avait point eu de
lune dans le ciel de Naples cette nuit-là, et
que nous n'avions pu, par conséquent,
descendre la longue colline qui mène du
cimetière aux bords escarpés du fleuve; le
second, c'est qu'au jour où elle dépeignait
le Liri comme turbulent et débordé, il
n'était pas tombé une goutte d'eau, à
Naples ni dans les environs, depuis deux
mois, et que le fleuve, à sec depuis ce
temps, n'était qu'un lit de sable et de
pierres entre lesquelles l'herbe poussait
comme dans une prairie.

Que devenaient donc ces affirmations sur
la lune éclairant notre course au Liri, sur
notre arrivée au bord de l'eau, et sur le
petit cri qui avait révélé que l'enfant était
vivant au moment du meurtre?

CIII

Ces objections à la réalité du crime tel qu'Annunziata l'expliquait étaient sans réplique; elles la disculpaient en dépit d'elle. Mais, si le meurtre de cette façon était incroyable, l'ensevelissement ailleurs pouvait être vrai. On monta avec nous à la fosse de mon père, on fit fouiller la terre et le sable avec la plus grande attention, partout où la découverte d'un corps d'enfant sans bière et sans linceul aurait pu accuser un meurtre; partout la terre démentit Annunziata. Elle osa déclarer elle-même qu'elle l'avait enseveli, en vérité, au pied d'un olivier, aux Camaldules, à une grande distance du cimetière. On l'y conduisit, on rechercha au pied de tous les arbres de l'antique forêt; les racines la démentirent comme les tombes. Mais, comme elle ne cessait pas de s'accuser elle-même, et qu'on ne pouvait trouver raisonnablement d'autre motifs que le remords à cette obstination, on la remit au cachot.

On fit un mémoire au roi pour soumettre au retour en grâce le crime de la mère infanticide, et, la grâce ayant été refusée par la cour, l'exécution fut ordonnée, et on commença à élever l'échafaud sur la place de Conradin.

CIV

On me tira une seconde fois des Repenties, pour adoucir, par mon entretien, les derniers jours de l'infortunée Annunziata. Je fus logée dans un cachot séparé mais contigu, afin que nous pussions parler ensemble à travers le grillage de la porte de communication. Le jour, les religieux, les sœurs de la bonne mort, toujours présents, gênaient nos entretiens secrets; mais la nuit nous rendait à la liberté et à l'entière confidence de nos pensées. Nous en profitions pour causer du bonheur des enfants, quand notre mort leur aurait à jamais

assuré la nourriture de la maison des
orphelins.

Annunziata, aussi convaincue désormais
que moi que le sacrifice de sa vie était l'unique moyen d'appeler sur eux la providence
de l'État, attendait avec impatience l'heure
de son supplice. Elle ne pleurait pas sur la
longue réclusion à laquelle, après elle,
j'étais condamnée! mais j'avais la certitude
de ne pas lui survivre. Je croyais que la
douleur me tuerait avant peu de mois, et
je ne mettais aucune différence entre son
sort et le mien.

« Le martyre plaît à Dieu! disais-je.
Je suis la cause du tien, et j'espérais qu'il
aurait accepté le mien; mais mes tergiver-
sations quand j'ai osé t'accuser et quand
ensuite j'ai voulu te défendre, ont jeté un

tel nuage sur la cause, que l'irrémédiable égarement des juges t'a fait condamner et m'a fait presque absoudre.

— J'accepte tout, me répondait Annunziata ; et, pourvu que mes jumeaux soient à l'abri de l'horrible situation où mon malheur et le tien les avaient réduits, non-seulement je te pardonne mon supplice et ma honte, mais je me fie à toi seule pour rendre à mon nom l'innocence que tu connais seule avec moi. »

Ce qui lui paraissait le plus difficile à soutenir, c'étaient les exhortations des sœurs de la bonne mort, qui venaient, pendant le jour, lui demander comment, elle qui paraissait pieuse et bonne, elle avait pu accomplir une telle atrocité. J'avais beau leur dire que ce n'était pas vrai et accuser l'ignorance du tribunal, elles ne m'écoutaient pas et attribuaient mes paroles à l'affection désordonnée que nous nourrissions l'une pour l'autre.

Annunziata, heureuse de son arrêt, gardait le silence en rougissant, et passait pour hébétée par la peur de l'échafaud.

CV

Pendant cette longue semaine, Lorenzo, qui soupçonnait la vérité sans la savoir tout entière, et qui épiait le jour du supplice, afin d'en profiter pour me délivrer sous l'échafaud et pour me soustraire, dans la confusion, aux gendarmes qui devaient me reconduire aux Repenties, s'était évadé facilement lui-même du corps de garde de la place Medina.

Muni de l'argent qu'il avait gagné en Sicile, comme élève médecin, doué d'une audace que son air de simplicité et de douceur n'aurait pas fait supposer, animé de sa passion irréfléchie pour moi, éclairé d'une intelligence bien supérieure aux instincts de la foule, il avait cherché, à prix d'or, des complices parmi le populaire des faubourgs de Naples, leur donnant libéralement et leur promettant davantage s'ils voulaient s'unir à lui, tel jour, à telle heure, sur la place de Conradin, autour de l'échafaud, pour crier grâce et pour l'aider à enlever sa maîtresse, injustement accusée de participation à un crime qu'elle n'avait pas commis.

Il parvint à en grouper une trentaine et à les séduire, moitié par argent, moitié par promesses, et aussi par son éloquence. Il les rassembla au bord de la mer, dans les ruines du palais de la reine Jeanne, et les harangua au bruit des flots qui battaient contre les murs. Il leur raconta ma naissance au Maroc, la fuite romanesque de ma mère avec mon père, l'aisance de ce père élevant son enfant dans l'oisiveté, sa mort, le pillage de sa maison par le fisc, l'expulsion de l'enfant, recueillie par l'ancienne servante Annunziata, femme dont il ne voulait rien dire, dans la crainte de la calomnier ou de l'absoudre injustement; l'espèce de complicité imaginaire convenue entre Annunziata et sa jeune amie, pour faire croire à un crime impossible; l'innocence, à coup sûr, de la jeune Moresque, condamnée pour le forfait d'une autre; enfin sa propre désertion à lui, pour la sauver ou périr sur l'échafaud.

Ces récits, cet exemple, cette audace, ces sommes versées dans ces mains avides, cet honneur de sauver l'innocence, ces promesses surtout à moitié accomplies avant l'action, fanatisèrent ces hommes sans responsabilité, et les portèrent à s'engager dans l'entreprise. Lorenzo leur distribua les rôles, leur désigna la place, leur assigna l'heure, et leur révéla les signes de reconnaissance.

Une felouque, garnie de vigoureux rameurs, serait apostée vers la porte de Mad-

dalena; et la Moresque, délivrée et em-
barquée, s'enfuirait vers les côtes de la
Calabre avant que les gendarmes fussent
réunis pour l'atteindre.

.   .   .   .

.

CVI

Tout réussit comme l'avait combiné Lorenzo. Voici quel était son plan après
l'évasion :

En passant en Calabre, pour venir à
Naples comme déserteur, il avait appris, à
Foggio, le mouvement extraordinaire que
le gouvernement napolitain des Bourbons,
après leur restauration sur le trône, se

donnait pour éteindre les restes du bri-
gandage allumé par lui-même pendant
qu'il régnait en Sicile; c'étaient les derniers
vestiges de la guerre civile triomphale
soulevée et dirigée par le cardinal Ruffo.

Un certain Vandarelli, Napolitain d'une
famille infime, mais d'un génie audacieux
et avide de bruit, sergent dans un régiment
de la garde royale et mécontent de son
sort, avait pris la résolution de s'illustrer
en levant une bande de déserteurs comme
lui; et, tantôt en attaquant, tantôt en
défendant le gouvernement dans les provinces encore mal soumises du royaume, il
avait recruté à Naples, d'abord deux de ses
frères, dévoués par le sang à sa cause, et
ensuite une cinquantaine de soldats ou de
bandits prêts à tous les rôles, pourvu que

la solde et l'impunité leur fussent assurées.

Ils étaient partis de Naples par petits groupes, mais bien armés, et s'étaient rendus dans les Calabres, où de premiers brigandages leur avaient fourni des occasions de dépouille et de célébrité. La bande, bientôt montée, équipée et ardente au combat, avait passé, avec la rapidité de la pensée, d'une province dans l'autre, attaquant toujours à propos la gendarmerie et les troupes royales envoyées par les généraux contre eux.

Leur réputation d'invincibilité était devenue proverbiale; tous les détachements de l'armée avaient été défaits par ce petit corps de cavalerie, partout présent, partout invisible.

Des capitales de province avaient été

maintes fois visitées et soumises par les
Vandarelli, c'était le nom qu'ils avaient
reçu de leur chef. Une discipline sévère y
maintenait leur autorité ; la mort était la
seule peine de leur code ; Vandarelli lui-
même l'appliquait, de sa propre main, à
ses compagnons, à la fois général absolu,
juge et bourreau.

CVII

Quelque temps avant le passage de Lorenzo par la Capitanate, le gouvernement
avait résolu de dissiper à tout prix ce noyau
de sédition en traitant avec les Vandarelli.
Des négociations s'étaient ouvertes entre

eux et le gouverneur de la province, pour les faire passer au service du roi; un traité avait même été signé entre les bandits et les généraux du gouvernement; tous leurs crimes et ceux de leurs partisans étaient non-seulement amnistiés, mais encore récompensés et encouragés; la bande était transformée en compagnie de gendarmes à la solde du roi, pour assurer la tranquillité publique. Le chef, Gaetano Vandarelli, recevait cent ducats de solde par mois, appointements de colonel; ses officiers recevaient cinquante ducats; ses moindres soldats, trente. On les payait d'avance, le premier jour de chaque mois. Ils promettaient, à ce prix, obéissance et fidélité à tous les gouverneurs et généraux du royaume.

CVIII

Les Vandarelli prêtèrent le serment convenu, observèrent les conditions stipulées, et purgèrent la Calabre et la Capitanate de tous les bandits isolés qui l'infestaient.

Cependant ils gardaient des soupçons prudents contre le gouvernement, qui, après les avoir assujettis par une bassesse, pouvait les détruire par une perfidie. Ils n'entraient plus dans les villes, où ils craignaient des piéges, et ne consentaient à être passés en revue qu'en pleins champs; la moitié de la bande veillait sous les armes pendant que l'autre moitié se reposait.

Le crime d'un des leurs entraîna cependant leur ruine. Ce misérable, épris de la beauté d'une jeune fille du village d'Écruri, leur quartier général le plus ordinaire, et dont les habitants, isolés dans la montagne, étaient pour la plupart leurs complices, leurs parents, leurs amis, lui fit violence et l'enleva à sa famille.

Le frère de la jeune fille jura de la venger. Il anima d'une colère égale à la sienne ses compatriotes et prépara silencieusement sa vengeance.

Un jour que tous les Vandarelli étaient, sans défiance, réunis sur la place d'Écruri, des coups de feu tirés des fenêtres de toutes les maisons, étendirent mort Gaetano Vandarelli, ses deux frères, ses principaux officiers, et mirent en fuite toute

la bande. Le frère de la jeune fille offensée.
sortant alors de sa maison, se jeta sur les
cadavres, plongea sa main. à plusieurs
reprises. dans les mares de sang répandu
autour d'eux, et s'en barbouilla le visage
avec le geste d'un homme qui se lave; puis.
se tournant. tout couvert de sang. du côté
du peuple, il lui rappela l'injure qu'il avait
reçue des Vandarelli et s'écria d'un air
triomphant :

« La tache est lavée ! »

CIX

Les Vandarelli se plaignirent au gouvernement, qu'ils crurent d'abord complice

des assassins de leurs chefs et de leurs camarades. Le gouvernement, soit avec sincérité, soit avec ruse, affecta d'y être étranger. Il leur promit vengeance contre ceux d'Écruri, et envoya une commission judiciaire dans le village, pour rechercher et punir les coupables.

Ces punitions accomplies, le général Amato, commandant de la province, offrit de procéder à une reconstitution et à une réorganisation complète de la compagnie des Vandarelli; ils s'y prêtèrent et se rendirent à Foggio, pour recevoir de nouveaux officiers choisis au scrutin par eux-mêmes. Excepté huit d'entre eux, plus défiants que les autres, ils consentirent à être passés en revue par le général. Au jour assigné, ils entrèrent à cheval à Foggio, au milieu d'un

grand concours de peuple. vêtus de leur
plus riche uniforme. et poussant des cris
de « Vive le roi ! »

Le général. avec une figure ouverte et
joyeuse, les reçut du haut d'un balcon, et
leur adressa, de là, des paroles d'amitié,
puis envoya le colonel Sivo sur la place.
pour les inspecter en détail, les louant sur
la beauté de leurs chevaux. et prenant, en
apparence, des notes sur chacun d'eux. Le
colonel rejoignit ensuite le général à sa
fenêtre.

Les Vandarelli restèrent à peu près l'es-
pace de deux heures. chacun descendu de
sa selle. à pied et debout à la tête de son
cheval. Pendant ce temps. les troupes du
roi. descendues du fort. gagnaient sans
bruit les avenues de la place et en fermaient

toutes les issues. Elles n'attendaient plus qu'un signal pour commencer le feu.

CX

Un coup d'espingole le donna du haut du balcon. La balle tua le chef des Vandarelli ; le cheval et le cavalier roulèrent sur le pavé de la place comme s'ils eussent été foudroyés par un coup du ciel.

A cette vue, les Vandarelli ne se trompèrent pas : ils s'enfuirent comme des lions qui viennent de découvrir le piége. abandonnant sur la place leurs chevaux invincibles. et se jetèrent précipitamment et confusément dans une boutique ou cave

profonde, qui s'ouvrait et s'enfouissait par
plusieurs degrés de l'autre côté du marché
de Foggio, en face du palais du général.
Ils avaient leurs sabres et leurs carabines
pour défendre leur vie contre les traîtres;
mais les troupes du gouvernement qui
débouchaient des rues voisines se pressè-
rent à la porte du souterrain et tirèrent au
hasard dans les ténèbres sur les fugitifs.
Ceux-ci ripostèrent de leurs carabines, en
sorte que l'entrée et les degrés du souterrain, jonchés de morts, devinrent, en peu
de minutes, un lac de sang où les troupes
et les Vandarelli donnaient et recevaient
des coups mortels, aux cris et aux impré-
cations de la foule.

CXI

Pas un des Vandarelli ne demanda à capituler; leurs clameurs diminuaient après chaque décharge des soldats; à la fin un silence terrible tint les haleines suspendues sans que personne osât descendre au risque de sa vie dans la fosse muette, craignant quelque piége sous cette immobilité. Quarante - neuf Vandarelli étaient entrés dans la caverne; on ne supposait pas que les coups tirés à l'aventure eussent anéanti les brigands; on ne se rendait pas compte d'une fusillade précipitée qui avait signalé, au fond de la boutique obscure, les derniers moments de la résistance ; on prêtait l'oreille le long des murs et des soupiraux : on n'entendait plus rien et l'on attendit.

CXII

On écouta et on attendit ainsi près d'un quart d'heure sans que personne se décidât à descendre, de peur de tomber aux premières marches sous le coup de carabine d'un des derniers brigands. Les officiers retenaient par signes leurs soldats et la foule, leurs fusils à l'épaule et en joue sur le vide, prêts à lâcher la détente, devant l'escalier du souterrain. Les chevaux abandonnés et caracolant dans toute la ville semblaient comprendre la surprise et le meurtre de leurs cavaliers à chaque décharge qui retentissait dans les airs.

Quelques femmes seules, renfermées dans leurs maisons, se montraient de temps en temps échevelées aux fenêtres de la place ; on eût dit une ville prise d'assaut, dont tous les habitants disparus s'étaient réfugiés dans les caves, et où quelques groupes de soldats errants attendaient, pour la fusiller, qu'une tête se montrât aux fenêtres.

CXIII

En ce moment un sourd gémissement parut monter du fond de la cave sur la

place; des soldats s'avancèrent machinalement pour regarder au fond; une jeune
femme apparut toute couverte de sang et
appelant au secours les premiers qui l'aperçurent.

Elle était pâle comme la Madone quand
elle portait dans les plis de son voile la tête
inanimée de son fils détaché de sa croix.
Un beau jeune homme, la cuisse cassée
par une balle, avait le bras passé autour de
son cou et reposait demi-mort contre sa
poitrine. Cette jeune femme c'était moi, et
c'était Lorenzo. vêtu en paysan des Calabres; sa ceinture de cuir et quelques restes
d'uniforme. ainsi que des boutons de cuivre
à sa veste. lui donnaient encore un certain
air militaire mal effacé. Ses cheveux noirs
encadraient sa figure évanouie :

— Ne tirez pas ! ne tirez pas ! m'écriai-je,
il n'est pas mort ! nous ne sommes pas de
la bande des vandarelli ; ils sont tous morts,
ils se sont tués les uns les autres.

« À ces mots, je m'affaissai sur la dernière marche de l'escalier, tenant toujours
le corps de Lorenzo de ma main crispée.
Ce groupe, autour duquel commençaient à
se presser les soldats, les officiers et quelques femmes attendries par l'émotion plus
que par l'horreur, présentait au peuple
une énigme qu'il ne pouvait s'expliquer :
comment deux jeunes gens si beaux et si
innocents sortaient-ils de cette caverne de
brigands ? À la fin, le chirurgien militaire
d'un des régiments se mit à genoux et reconnut qu'une balle de ricochet était venue
heurter, on ne sait comment, le corps du

jeune homme, lui avait cassé l'os de la
jambe, sans pénétrer, faute de force, dans
les parties plus délicates du corps. Il n'y
avait qu'à l'arracher des chairs et à laisser
agir la nature pour ressouder la rupture de
l'os.

« Pendant ce temps, des femmes pitoyables
supportaient sur leurs genoux la tête de ce
jeune étranger, pressaient sur ses lèvres
décolorées des écorces de limon pour lui
rendre la sensibilité et la vie. Les soldats,
descendus dans le fond de la cave, remon-
taient deux à deux, rapportant sur la place
les quarante-neuf cadavres des vandarelli.

« Le général donna l'ordre de conduire
Lorenzo à l'hopital ; les femmes charitables
m'emportèrent dans un couvent de pauvres
abandonnées dans un faubourg.

—Et comment vous êtes-vous trouvée en compagnie de ces malfaiteurs? lui demanda la supérieure du couvent quand elle eut entièrement repris ses sens. Dites-moi avec confiance la vérité.

— Eh bien. répondit Antoniella. vous allez tout savoir, et l'heure de tout dire est venue.

Alors elle parla ainsi :

« Je ne suis pas Napolitaine ; je suis née parmi les ennemis des chrétiens, dans une famille riche du royaume du Maroc. Un esclave chrétien de mon père convertit ma mère et l'enleva pour la conduire en Espagne. La mer conduisit les fugitifs dans le port de Naples, qui devint leur patrie. Ils s'épousèrent, je fus le fruit de leurs amours. Peu de temps après ma mère mourut ; mon pauvre

père désolé devint à la fois mon père et ma
mère ; à douze ans, je le perdis moi-même ;
un vieux médecin, suivi d'un élève com-
patissant, fut son seul ami. Après sa mort,
je restai seule à la maison avec ma chèvre.
L'élève du vieux médecin m'aima ; il s'appelait Lorenzo ; c'est celui qu'on a ren-
contré avec moi et qui a été blessé par une
balle en me couvrant de son corps dans
l'horrible meurtre du souterrain. Voici
comment nous y étions pendant la bataille.

« A quelques milles de Foggio, au sommet d'une montée, les vandarelli, qui venaient pour passer la revue dans la ville
devant le général, nous aperçurent tout à
coup et fondirent à l'improviste sur nous.
Lorenzo, que ses restes d'uniforme firent
prendre pour un déserteur fuyant avec sa

maîtresse, ne put me défendre et fut gar-
rotté avec moi pour que leur capture
donnât au général de Foggio une preuve
de leur vigilance et de leur utilité au gouvernement dans les provinces. Arrivés dans
la ville, on nous déposa, Lorenzo et moi,
sous la garde de la boutiquière, sur un peu
de paille au bas de l'escalier, au fond de
sa cave, jusqu'à ce que la revue fût passée;
nous nous y endormîmes de lassitude.

« Les coups de carabine qu'on tirait sur
les vandarelli en dehors nous éveillèrent.
J'essayai de monter pour voir ce qui se passait sur la place; mais les premiers groupes
de bandits qui étaient descendus de leurs
chevaux et qui s'engouffraient dans la boutique me refoulèrent sur l'escalier; j'y
tombai dans les bras de Lorenzo; alors il

tomba lui-même la cuisse cassée par le ricochet d'une balle ; je le soutins, il me couvrit de sang. Il se colla sur moi pour que son corps me protégeât contre la mêlée affreuse qui tourbillonnait autour de nous. Ce fut le moment où ceux des soldats qui n'avaient pas été frappés à mort, désespérant d'être épargnés par les soldats qui leur avaient tendu ce piége, récitèrent le *De profundis*, baisèrent leurs chapelets et déchargèrent leurs pistolets et leurs espingoles les uns sur les autres, se donnan tous la mort et laissant l'immobilité et le silence régner là-bas dans la nuit. »

CXIV

« A ce moment, ma sœur, nous n'attendions plus nous-mêmes que la mort, d'une des balles que les soldats lançaient au hasard du haut de l'escalier.

« Lorenzo me dit :

« — Adieu ; pardonne-moi de t'avoir dérobée à l'échafaud pour mourir avec des brigands ; mais je ne pouvais croire au crime impossible dont tu te laissais accuser ! Non, ce n'était pas possible ! Maintenant que nous allons nous quitter pour jamais, dis-moi la vérité afin que le Seigneur me pardonne ; as-tu vraiment tué ton enfant?

Parle comme si j'étais l'ange du jugement
dernier.

« Pendant mon récit, son visage, que j'en-
trevoyais dans l'ombre. était plus blanc de
son anxiété que du sang qui coulait de sa
blessure.

« — Oh! parle! parle vite, me répétait-
il en me regardant d'un œil suppliant, ne
me laisse pas mourir dans ce doute.
que je sache que ta figure innocente ne
m'a pas trompé, et que, dans le ciel où
je vais t'attendre, je te retrouverai pure et
digne de ce serment que je te fis par le
brin de laine de fa quenouille. As-tu tué
ton enfant?

« — Non, m'écriai-je tout bas; je n'ai
jamais eu d'enfant parce que tu n'étais
plus là pour m'aimer; je n'en ai point tué

parce que le crime m'eût à jamais rendue indigne de toi !

« — Et pourquoi allais-tu donc à la mort pour expier un crime que tu n'avais pas commis?

« — Oui, ami, j'y allais tranquille parce que j'étais innocente et victime de ma passion pour les fils d'Annunziata, plus innocents encore que moi. Annunziata et moi nous brûlions de mourir pour qu'ils fussent orphelins et adoptés par l'hospice des enfants trouvés. Je les aimais comme mes propres fruits, et, en mourant pour eux avec mon amie, ne devenais-je pas leur mère aux yeux du ciel !

« — Oh ! miracle de tendresse ! s'écria-t-il. Et qu'espérais-tu?...

« En ce moment, la balle l'atteignit, et

il glissa de mon sein sur la terre... Vous savez le reste.

« La sœur frémit et pleura.

« Quand tout se tut parmi les cadavres dans le fond de la cave, je soulevai Lorenzo évanoui dans mes bras et je montai en gémissant jusqu'au jour. Le peuple jeta une clameur d'étonnement et d'horreur, et vous m'emmenâtes dans votre sainte maison. »

. . . .

CXV

Voilà ce que j'appris de la fin de l'histoire d'Antoniella.

Ce récit extraordinaire et touchant impressionna fortement tout le couvent des saintes cloîtrées de Foggio. On versa des larmes sur la malheureuse mère, restée emprisonnée à Naples dans la maison de correction, et sur les jumeaux, jetés on ne sait où, pour y manger le pain de la charité publique. On eut les plus tendres soins pour Antoniella, à qui l'on permettait, accompagnée de la supérieure, d'aller visiter de temps en temps le malheureux Lorenzo pendant sa convalescence. Ils n'osaient se parler devant les témoins; mais leurs yeux se disaient par leurs larmes ce que la prudence les obligeait de renfermer dans leurs cœurs.

CXVI

Cependant la police de la province avait fait venir de Naples les pièces relatives à l'exécution d'Annunziata, à la sédition des affidés de Lorenzo, au renversement de l'échafaud, à l'enlèvement et à la fuite d'Antoniella avec son libérateur. On résolut d'envoyer les coupables, sous la garde de la gendarmerie, à Naples pour punir Lorenzo et pour obtenir des renseignements sur la complicité d'Antoniella.

Au bout de deux mois, Lorenzo fut assez guéri de sa blessure pour pouvoir être mis en route sur la paille de la charrette des

prisonniers, accompagné par les gardiens.
Triste et doux à la fois fut ce voyage : Antoniella allait recouvrer son innocence.
Lorenzo affronter son supplice ; ils se ju-
raient tout bas l'un à l'autre de ne pas se
survivre si la rigueur des hommes venait à
infliger à l'un des deux la peine de mort
que l'un avait encourue par une généreuse
fiction, que l'autre avait bravée par confiance dans la vertu de celle qu'il aimait.
contre la propre confession de son crime.

Arrivés dans le golfe de Sainte-Euphémie.
on les tira de la voiture et on les porta
dans une felouque de la marine militaire,
qui devait les transporter à Naples, pour
y être remis aux juges et au gouvernement.
Leur perte paraissait assurée et prochaine.
Qui pouvait sauver Lorenzo de la faute

qu'il avait commise contre la justice, en
dérobant sa victime à l'échafaud?

CXVII

Le vent souffla favorable; le soir même,
la felouque militaire vola comme un oiseau
de proie sur l'écume de la mer; il changea
la nuit suivante, souffla en foudre et les
conduisit loin de la côte napolitaine, au
delà du cap Bon et du rivage sicilien, dans
le bras de mer orageuse qui sépare de
l'ancienne Carthage Tripoli d'Afrique et
les lagunes de Tripoli.

Le pilote calabrais, ignorant de ces pa-
rages, sentit la vague se calmer; mais en

doublant le cap Bon pour regagner la mer
d'Italie, il fut aperçu par un brigantin du
Maroc, en guerre alors avec Naples, et
enlevé comme une proie pour être conduit
au port.

CXVIII

La nuit tombait ; le corsaire désarma les
huit Napolitains et fit voile vers l'Afrique
pour y déposer et vendre ses prisonniers,
pendant que, vaincus et vainqueurs, tout
le monde se livrait au sommeil, excepté le
capitaine et le lieutenant du brigantin barbaresque qui causaient. Antoniella prêtait
l'oreille, et, grâce à sa langue d'enfance,

reconnut dans l'accent du jeune capitaine une voix qui lui rappela son enfance et les montagnes qu'habitait son père.

— Allah Kherim! lui disait son vieux lieutenant, comment trouves-tu cette belle étrangère que le sort de notre cause nous a livrée presque sans combat cette nuit?

— La fumée de la poudre et le respect pour les femmes m'ont empêché d'y attacher mes regards, lui répondit le jeune homme.

— Elle est belle comme la fille du prophète, reprit le lieutenant, et Allah te l'envoie peut-être pour esclave et pour épouse. Son visage ressemble au tien ; ne la mets pas en vente au bazar des esclaves quand nous serons arrivés à Tripoli; mais garde-la pour ta part de prise et conduis-la à ton père dans tes montagnes. pour qu'il te la donne en mariage.

— Mais elle est chrétienne ! répondit le jeune pirate.

— Mais elle est jeune et presque enfant. répliqua le vieillard ; l'amour l'aura vite convertie à notre culte, et sa conversion attirera autant de bénédictions sur ta famille qu'il y a de cheveux noirs sur sa tête. Allah vous a faits si ressemblants l'un l'autre pour que vos destins soient écrits dans vos traits ! Ne la laisse pas à un autre, vends seulement le jeune homme qui l'accompagne et les trois soldats que nous avons si facilement enchaînés sous le mât.

CXIX

Antoniella avait tout entendu; elle avait frémi des projets de ces barbares qui allaient la séparer de Lorenzo et la conduire dans l'intérieur des terres pour être la propriété d'un renégat. Elle s'approcha de son amant et lui révéla à voix basse ce qu'elle venait d'entendre. Lorenzo mit son doigt sur ses lèvres, et, sentant bouillonner son sang, il tira de sa ceinture un poignard qu'il y avait caché, et, le glissant dans les doigts d'Antoniella, il lui dit seulement :

— Tais-toi, et attends !

CXX

Les deux interlocuteurs barbaresques ne croyaient pas avoir été entendus, encore moins compris; ils tombèrent un instant après dans le silence et dans le sommeil du matin, ainsi que leur équipage. Lorenzo se jeta sur le vieux lieutenant, et, lui montrant l'acier du poignard sur sa poitrine, lui fit signe de se taire; pendant ce temps, Antoniella lui présentait un câble, le garrottait; puis, abordant le jeune capitaine endormi, elle reconnaissait en lui un frère devenu chef du brigantin sur la côte du Maroc, et, prête à le frapper, restait muette et immobile pendant que Lorenzo lui liait les bras et les pieds pour l'empêcher de se défendre.

Cela fait, il coupait rapidement les cordes qui enchaînaient les quatre matelots napolitains de la felouque, et leur rendait la liberté de leurs mouvements. Puis il leur ordonna d'abandonner leur navire au caprice des vents, de mettre le cap du brigantin sur Naples et de fuir sous pavillon napolitain, dirigé sur les vagues par le frère d'Antoniella, prisonnier. Tout cela fut accompli en un instant; Antoniella, auteur de cette délivrance, devint l'objet de la reconnaissance de l'équipage, elle resta à côté de son jeune frère, sur le pont, occupée à l'interroger sur la maison paternelle et à verser des larmes sur les souvenirs de son

enfance; elle lui promettait sa délivrance
aussitôt qu'ils seraient arrivés au port.
Quant à Lorenzo, le témoignage du coura-
geux dévouement dont il venait de faire
preuve en combattant et en triomphant
pour ses gardiens chargés de le remettre à
la police de Naples, ne lui laissait plus de
doute sur son salut; il était sûr de retrouver
les enfants parmi les orphelins de Naples
ou d'Averse, et de délivrer ainsi leur mère
de sa prison.

Le vent continuait à être favorable. Le
brigantin arriva heureusement dans la
darse; les officiers de la marine vinrent le
reconnaître, ils s'informèrent comment un
navire, évidemment de construction étrangère, entrait sous le pavillon de ce pays.

L'équipage entier tint parole à Lorenzo

en racontant comment, quoique remis prisonnier à leur garde, il avait, grâce à la
jeune Moresque, délivré ses gardiens de
leurs chaînes, et ramené lui-même l'équipage aux lieux où la prison et peut-être la
mort l'attendaient. On le combla d'éloges
et d'honneurs, mais il demanda lui-même
à être conduit en prison. L'officier de
marine voulut préalablement le présenter
au prince ministre de la guerre, qui lui
promit sa grâce et sa protection. Antoniella
fut confiée aux sœurs de la Miséricorde.

Elle apprit par elles qu'Annunziata était
pour sa vie prisonnière à Gaëte. sur le
soupçon d'avoir commis le meurtre de l'enfant de sa servante, et, selon toute apparence, celui de ses propres fils.

— Quant au mien. dit-elle aux sœurs

de la Miséricorde, rien ne m'est plus facile que de vous convaincre que je n'en ai jamais eu. Quant à ceux d'Annunziata, conduisez-moi dans tous les lieux où l'État fait recueillir les créatures abandonnées, et, si je ne les retrouve pas pour justifier leur malheureuse mère, livrez-moi avec elle à la justice et à la vengeance des lois. J'ai bravé l'échafaud pour eux et pour elle, le jour de la vérité a lui, Dieu permettra qu'il en tombe un rayon dans son cachot.

CXXI

Les sœurs, convaincues, la conduisirent à Averse; on examina tous les livres de

cette maison de secours : on ne découvrit
rien. Seulement, la concierge de la maison,
instruite de la recherche que faisaient les
sœurs, s'approcha d'elles, et, en interrogeant
dans sa mémoire, se souvint du signalement
qu'on donnait des deux jumeaux, livrés
quelques mois auparavant à une jeune
mère de Santa-Agatha, et dont on n'avait
pas entendu parler depuis.

— Ne sont-ils pas blancs et roses ? Ne
prononcent-ils pas, lui dit-on, les noms
de leur mère ?

— Ils disaient qu'ils en avaient deux, et
ils confondaient les noms d'Antoniella et
d'Annunziata, quand on leur demandait de
la désigner.

— Dieu ! s'écria Antoniella en entendant
ces noms, conduisez-moi à Santa-Agatha

et visitons toutes les jeunes mères du village; la Providence achèvera son œuvre.
et la nature sera son témoin !

Les sœurs et elles se remirent en route.
le cœur tout palpitant d'inquiétude, d'impatience et d'espoir.

CXXII

Santa-Agatha est un village disséminé en
groupes de maisons éparses et isolées, sur
la route de Rome. Dans la plaine couverte
d'oliviers saupoudrés de la blanche poussière de la route, les montagnes des
Abruzzes, noyées dans l'azur argenté du
ciel, s'élèvent comme un mur sombre. à
droite du paysage; des ravins en général

desséchés circulent comme de larges fossés
entre les maisons et les arbres; ils ne cou-
lent qu'en hiver dans leurs sillons profonds,
sous les caux tumultueuses qui se rendent à
la mer de Gaëte. On n'y entend rien que le
chant des grillons grinçant sous l'herbe à
travers les chênes, et de loin en loin le
mugissement des troupeaux de bœufs ro-
mains à grandes cornes, descendant des
forêts de l'Abruzze dans la plaine.

CXXIII

Pendant que les sœurs de la Miséricorde
interrogeaient vainement le curé et quelques femmes du village sur deux enfants

confiés à une nourrice du pays, Antoniella, laissant la voiture sur la place, s'égara seule dans la campagne, commença à monter les premières pentes des montagnes; elle n'y rencontra personne que quelques chèvres à longs poils noirs des Calabres qui paissaient çà et là des brins de myrtes entre les oliviers. Elle pensait au bonheur des bergers habitant ces lieux solitaires et enchantés. Elle versait quelques larmes en songeant aux collines du Maroc que son père et sa mère avaient habitées avant que l'esclave napolitain l'eût enlevée, à leur chaumière, à son frère retenu maintenant à bord du brigantin dans la darse de Naples, mais surtout à l'innocente et pauvre Annunziata, victime de son subterfuge dans les cachots de

Gaëte. Elle désespérait de retrouver les jumeaux dont personne à Santa-Agatha n'avait pu lui donner le moindre renseignement.

Elle continuait à monter jusqu'aux environs d'une chaumière située au bord des grands bois d'où une légère fumée s'élevait devant elle, quand le bruit alternatif et cadencé de deux respirations assoupies suspendit ses pas. Au même instant un sourd grognement de bête retentit sourdement à ses oreilles; elle jeta les yeux en avant et vit un des plus touchants spectacles qu'elle eût jamais imaginés ou rêvés.

CXXIV

Contre les racines tortueuses d'un groupe d'oliviers, à l'ombre pâle et transparente de ces arbres, elle vit deux enfants couchés entre les bras l'un de l'autre au léger souffle de la brise du midi. Leurs blanches poitrines s'élevaient et s'abaissaient tour à tour avec un mouvement insensible et régulier; leurs têtes étaient tellement rapprochées et leurs cheveux blonds touffus tellement mêlés ensemble, que leurs figures étaient complétement cachées et que leurs traits, entièrement ensevelis dans l'herbe et la poussière, ne

laissaient pas distinguer leurs figures. On
n'apercevait sur leurs bras polis et sur leurs
poitrines, sur leurs pieds potelés et sur les
plis de leurs ceintures relâchées, que les
belles chairs blanches et roses de leur
peau d'enfant qui rappelaient à Antoniella
les jolis fils d'Annunziata, enfants du pauvre
invalide, auxquels elle avait servi de mère
pendant la maladie de leur père et pendant
les longues misères qu'ils avaient souffertes
dans ses bras. Une grosse chienne noire
avait le museau couché, les yeux ouverts
sur leur corps, veillant sur eux, mais
n'osant se lever pour aboyer, de peur de
les réveiller, et se contentant d'un grognement à voix basse qui disait assez aux
passants :

« Ne les touchez pas, je veille sur eux ! »

Les chèvres paissaient çà et là les ronces du steppe. Au loin, dans une anse de la montagne, on voyait une jeune femme en habit d'Abruzzienne, assise dehors, à l'abri de son toit, filant les toisons noires de ses moutons, en jetant de temps en temps les yeux sur le groupe des enfants endormis et sur la chienne.

CXXV

Antoniella, curieuse, s'approche d'eux, la chienne se lève, montre ses dents comme pour les défendre et aboie de toutes ses forces; mais les jumeaux et elle s'étaient déjà reconnus et se jetaient dans les bras les uns des autres, s'embrassaient sans pouvoir parler, avant que la jeune Abruzzienne eût jeté loin d'elle son fuseau et fût accourue à travers les rochers en appelant le bûcheron, son mari, à son aide; celui-ci accourait aussi, sa hache à la main, à travers les bois.

— O Antoniella! ô Antoniella! lui disait en la couvrant de baisers le plus grand des enfants, le beau Raphaël, ô seconde mère! est-ce toi? C'est nous, c'est nous que tu endormais dans tes bras, à Ramero; c'est nous que tu nourrissais des figues de notre méchante voisine; et notre autre mère, Antoniella, est-elle avec toi? Parle; où est-elle? Antoniella et Annunziata, c'est notre mère! »

Et en balbutiant ainsi, les enfants collés

sur sa poitrine la couvraient de larmes.
Alors l'Abruzzienne et son mari arrivèrent
en courant, restèrent immobiles à la vue de
ce touchant spectacle.

— Qui êtes-vous? dit l'Abruzzienne à
Antoniella; est-ce que vous seriez de ces
bohémiens qui errent dans les bois pour y
séduire et y dérober les enfants?

— Oh! non, non, dirent ensemble les
petits; non, ce n'est pas une de ces bohémiennes qui nous tend des piéges comme
aux fruits des oiseaux. puisqu'elle est la
moitié de notre mère! C'est Antoniella,
c'est elle qui nous a reçus tout petits dans
son lit et qui nous a réchauffés de son
haleine pendant que notre autre mère cou-
chait à terre à côté du pauvre père malade
pour lui donner à boire quand il avait soif.

— Et comment donc, dit l'Abruzzienne, la Providence vous a-t-elle donnés à moi et à mon mari?

— Un soir, il vint des hommes avec des sabres dans la cour de notre maison, au Ramero; ils nous arrachèrent des bras de notre mère Annunziata, et nous emportèrent dans une maison sans mère. Nous y restâmes dans les larmes. Quelque temps après, une jeune femme des montagnes, c'était vous, vint nous marchander et nous prendre. Elle était mariée depuis deux ans, disait-elle, à un jeune bûcheron de la forêt; elle n'avait point d'enfant et elle s'ennuyait dans sa chaumière pendant que son mari était à l'ouvrage. Elle nous aimerait bien aussi et nous l'aiderions à paître ses chèvres dont elle nous donnait le lait.

— Eh bien, l'ai-je fait, petits? dit l'Abruzzienne.

— Oh! oui, s'écrièrent les jumeaux en se jetant dans son tablier; oh! oui, si l'on avait trois mères, vous en seriez une! Aussi nous vous aimons presque autant qu'Annunziata et Antoniella, que voilà, nous ne voudrions plus vous quitter que pour elle.

La femme et son mari pleuraient en entendant les jumeaux parler ainsi. Ils les prirent sur leurs bras et les menèrent avec Antoniella, la chienne et les chèvres, jusqu'à la porte de leur cabane. Mais bientôt les sœurs du couvent de Naples, à la recherche d'Antoniella et des enfants, parurent tout près de la porte.

— Eh bien! mes sœurs, cria Antoniella,

les voilà! les voilà! Je les ai trouvés au
bord de la forêt, entre les mains de cette
brave famille de la montagne. Venez !
venez les reconnaître et me justifier!

CXXVI

Les sœurs, tout essoufflées, approchèrent
et restèrent immobiles d'admiration à la
vue de ces beaux enfants qui avaient leurs
bras enlacés au cou de leur prisonnière.
On n'entendait que le bruit des baisers
allant de l'Abruzzienne à la Mauresque.
Des larmes coulaient de tous les yeux; le
bûcheron même était attendri; il détournait
la tête pour ne pas pleurer devant sa jeune

femme. On voyait qu'il se plaignait au ciel
de n'avoir pas encore de fils; mais qu'il
aimait les jumeaux comme les siens.

— Oh! Annunziata! disaient de temps
en temps les petits, la poitrine toute gonflée.
que n'es-tu là pour que la famille soit complète!

A la fin ils se rendormirent, sans s'en
apercevoir, dans un berceau vivant formé
par les bras d'Antoniella et par les genoux
de l'Abruzzienne.

Alors Antoniella appela les sœurs émues
en témoignage et leur demanda si la femme
qui éprouvait cette tendresse en revoyant
ces créatures pouvait être suspectée de
les avoir immolés. Un seul cri d'horreur
s'éleva dans le groupe. Son innocence fut
proclamée par le plus sûr des témoins, la

nature. Il était prouvé qu'elle n'en avait
jamais eu, les deux autres vivaient sous
leurs yeux. Le mensonge et la calomnie
étaient avérés. Dieu avait justifié les pré-
tendus coupables.

On demanda à Antoniella si elle voulait
reprendre ces enfants charmants.

— Oh ! certainement, dit-elle, je le vou-
drais, puisque je les ai perdus d'une main
et retrouvés de l'autre ; mais le ciel me
punit de les avoir abandonnés pour leur
salut, en ne me laissant qu'un couvent à
leur offrir. Qu'ils restent donc où Dieu les
a mis, sous le toit d'une troisième mère,
où ils ont trouvé une providence sous les
traits de l'Abruzzienne. Je demande seulement à les conduire à Naples pour que la
véritable mère, qui m'a dû tant de sup-

plices soufferts pour eux, ait la consolation de les retrouver par mes yeux.

CXXVII

L'Abruzzienne fondit en pleurs en les pressant sur sa poitrine.

— Vrai! vrai! s'écriaient tous les assistants, qu'elle les conduise à la véritable mère et qu'elle les ramène à celle qui les a adoptés! Allons à Santa-Agatha, et que le maître de la poste nous prête son corricolo pour mener à l'instant à Naples Antoniella, la femme du bûcheron et les enfants. Les juges verront comment ceux dont ils condamnèrent les meurtriers se portent bien.

— Oui! oui! crie la foule, et portons-les jusqu'à la poste.

CXXVIII

A ces mots, chacun de se précipiter sur les petits et d'en prendre un sur ses épaules.

L'aubergiste, déjà averti, avait tiré de sa cour son corricolo. On avait cueilli, en descendant du bois, des branches de chêne-vert, d'oranger, de laurier, pour en orner le soufflet, les ressorts, les roues et les harnois des chevaux du corricolo. On y fit monter les sœurs du couvent de Naples, puis Antoniella, toute rouge de joie, puis l'Abruzzienne, toute tremblante d'émotion.

puis les deux jumeaux, couchés sur les genoux des deux femmes; le curé de Santa-Agatha consentit à monter et à s'asseoir dans le fond de la voiture, comme pour jouer le beau rôle de la religion et de la Providence dans l'issue de ce drame aux yeux du peuple.

Le postillon, ayant attaché des rubans à son chapeau et au manche de son fouet, fit claquer son fouet et partit au milieu des flots de poussière. Les vociférations de la foule émue l'accompagnèrent jusqu'au sommet de la montée de Santa-Agatha. Elles se renouvelaient de distance en distance chaque fois qu'un groupe d'habitants, sur les bords de la route, voyait s'approcher le corricolo.

« *E viva la madre innocenta e i figlioli!* »

s'écriaient-ils en saluant le curé, les sœurs, les beaux enfants endormis et l'Abruz- zienne.

Le voyage n'était qu'un triomphe.

Enfin on arriva vers six heures du soir à Capo-di-Chino, au milieu du faubourg le plus turbulent de Naples ; la foule, avertie par les voyageurs, était immense; le cor- ricolo la fendait avec peine pour se rendre d'abord à la prison de la Vicaria, par la place du Vieux-Marché, et y déposer An- toniella, ensuite au couvent de la Miséri- corde, où le curé de Santa-Agatha devait montrer les enfants, l'Abruzzienne et son mari aux sœurs.

CXXIX

Mais à peine le corricolo, suivi par la
foule innombrable des lazzaroni, était-il
arrivé à la Piazza-Medina, au bout de la
rue de Tolède, près de la fontaine, qu'un
embarras inattendu se trouva sous les pieds
des chevaux et arrêta la course du corricolo. Des clameurs s'élevèrent en même
temps du sein de la multitude. Le postillon
arrêta ses chevaux, de peur d'écraser une
bande de galériens vêtus de rouge et de
jaune, qui sortaient en ce moment de la
prison sous la garde de dix gendarmes,
pour prendre la route des Calabres et
passer de là en Sicile.

C'était la bande des condamnés dont faisait partie Lorenzo. Il venait d'être gracié de la peine de mort, et son supplice, par l'intercession du ministre de la marine, avait été commué en dix années de galères, par considération de son combat désintéressé contre le brigantin barbaresque et de son retour volontaire à la Vicaria.

Il reconnut à l'instant Antoniella et, élevant ses mains chargées de chaînes, il lui montra le brin de laine qu'il portait toujours sur sa poitrine, et lui dit à voix basse :

— *Non mai si rompera!* Il ne se rompra jamais !

Antoniella, de son côté, fondant en larmes, lui montra les deux enfants qu'on l'accusait d'avoir tués, et lui dit avec un secret orgueil et en souriant au milieu de ses pleurs :

« — Regarde mes victimes, et pars avec la conviction de mon innocence. Qu'il sera beau le jour où la pauvre Annunziata pourra les revoir ! »

En disant ces mots, elle s'élança du corricolo pour embrasser son amant.

Le geôlier les sépare, elle dit adieu à Lorenzo et se précipite dans la Vicaria.

Les sœurs de Santa-Agatha, le curé, les enfants, l'Abruzzienne, son mari et la foule firent tourner la tête des chevaux du côté du couvent de la Miséricorde, et y reconduisirent Antoniella. On y remercia la famille des étrangers des bons soins donnés aux jumeaux.

Le soir, on les reconduisit à Santa-Agatha.

CXXX

Pendant ce temps, l'infortuné Lorenzo s'en allait, pleurant moitié de joie, moitié de tristesse, sur la route de Sicile, sous la conduite des gendarmes. Le frère d'Antoniella le suivait librement et lui rendait tous les services d'un compagnon libre à un prisonnier enchaîné ; il se souvenait d'avoir dû son salut à l'amant de sa sœur, et ne doutait plus de son innocence.

Au bout de quelques jours, ils arrivèrent à Reggio, en face de Messine, passèrent le détroit et furent remis au bagne militaire de cette ville; on l'y reçut avec rigueur pour punir sa désertion, mais avec respect pour récompenser son humilité et sa bravoure. Le général des galères lui fit enlever ses fers, ordonna de le traiter en prisonnier, mais en brave. Le jeune Barbaresque ne le quitta plus; il voyait en lui un frère.

CXXXI

C'était précisément le moment où l'indisposition de ma compagne de voyage m'avait forcé de m'arrêter dans la villa de Cicéron et où j'avais fait connaissance avec la charmante recluse de Molo-di-Gaeta.

Elle ne savait point encore ni ce qui était
advenu à la complice de son subterfuge,
ni l'éclaircissement de son propre sort ;
elle continuait à languir dans les ténèbres
et dans le désespoir. La sœur confidente du
couvent des recluses et moi, nous connais-
sions seuls la douteuse vérité, mais nous
étions convaincus plutôt par sa physionomie
que par sa confession. Cependant l'instinct et
le son de sa voix nous prédisposaient à tout
croire, quand un événement inattendu vint
confirmer par l'évidence les soupçons de
vérité que nous commencions à concevoir.
Les mères, même seulement de cœur, ont
un accent qui parle à l'âme avant de
troubler l'esprit : c'est le témoignage de la
nature, il vient de Dieu.

La veille de notre départ je voulus con-

naître Annunziata. J'obtins de la visiter
dans la prison ; mais un événement imprévu
avait tout bouleversé dans le couvent.
L'Abruzzienne, accompagnée par les deux
jumeaux et conduite par le curé de Santa-
Agatha, était arrivée avec l'aurore au couvent, pour apporter à la pauvre captive la
preuve de son innocence et la joie de sa
maternité.

J'entrai dans la cellule d'Annunziata au
même moment où le curé de Santa-Agatha
lui annonçait la découverte et la présence
immédiate des enfants.

— Où sont-ils? où sont-ils? criait-elle
comme une insensée en s'élançant contre le
guichet de son cachot.

L'Abruzzienne parut en les portant tous
les deux, un sur chaque bras. Annunziata

se précipita à la grille en ouvrant les bras
et mordit les barreaux qui la séparaient de
ces anges. Puis, les voyant si gros, si blancs,
si roses, elle resta comme asphyxiée de joie
et d'admiration devant eux.

— Oh! s'écria-t-elle, bénie soit la
pensée d'Antoniella ; en les perdant, elle
les a sauvés!

On ouvrit le guichet, elle les reçut et se
roula sur le plancher comme une tigresse à
qui l'on vient de rendre ses petits, les
baisant, les palpant, les mordant, puis
baisant ses morsures et les lavant avec ses
larmes. Les pauvres petits, reconnaissant
leur mère, lui passaient les bras autour du
cou, pleuraient et riaient tour à tour.
L'Abruzzienne, témoin de ces frénésies de
la nature, heureuse et jalouse à la fois de

ces tendresses, fondait en pleurs de son côté; elle enviait même, au prix de tant d'angoisses, le bonheur d'être mère. Son mari les regardait d'un air triste; tous les témoins, le curé et moi, nous étions muets d'attendrissement; les sœurs pleuraient de honte d'avoir soupçonné d'un crime la mère capable d'avoir tout supporté jusqu'à la mort pour donner de la nourriture à ces innocents.

— Oh! pardonne-nous, sainte victime, disaient-elles, nous n'étions pas dignes de comprendre tant de vertu.

CXXXII

Pendant que ce groupe de la mère et des enfants se roulait sur le plancher à nos pieds et qu'on n'entendait que les sanglots et leurs soupirs qui s'éteignaient dans leur anéantissement, le curé de Santa-Agatha, les sœurs et moi, nous causions tout bas de ce qu'il y avait à faire pour instruire la justice, délivrer la mère innocente, Antoniella, et libérer par la grâce du roi le jeune homme aux galères de Messine, à qui l'amour avait révélé l'innocence.

— Achevez votre bonne œuvre, dis-je enfin au bon curé; consolez Annunziata;

ramenez l'Abruzzienne ce soir à Santa-
Agatha; revenez demain me prendre à la
villa de Cicéron, et accompagnez-moi à
Naples, où vous viendrez certifier au ministre et au roi ce que nous voyons et leur
fournir l'occasion de faire triompher cette
mère, Antoniella, Lorenzo, le jeune frère
d'Antoniella, tant d'amour et tant d'innocence! C'est Dieu qui a tout fait, c'est à lui
de tout finir.

—Je le veux bien, dit le curé; partons.

Et nous partîmes. Mais nous laissâmes
l'Abruzzienne coucher pêle-mêle, cette nuit
de bonheur, avec Annunziata et les enfants.

— Oh! Antoniella, où es-tu? disait Annunziata; tu manques seule à cette félicité!

CXXXIII

Le lendemain, le curé de Santa-Agatha vint me prendre à la villa de Cicéron.

— Remercions Dieu, madame. dit-il à ma compagne de voyage à moitié rétablie, il vous attendait pour commencer ce miracle. priez pour qu'il s'achève.

Elle pria.

Le postillon nous emporta au galop de ses chevaux vers Naples.

— Je viens avec le curé de Santa-Agatha, dis-je au ministre de la marine, vous aider dans une bonne œuvre que vous désirez sûrement accomplir envers un jeune

marin qui a commis un acte d'indiscipline
pour sa faute et un acte d'héroïsme pour
sa justification. C'est ce brave Lorenzo, qui
a enlevé une femme à l'échafaud et qui a
reconquis un brigantin de Maroc à main
armée, pour se ramener lui-même. dans
son cachot flottant, à ses juges et à son
supplice.

Nous lui racontâmes alors la découverte des jumeaux bien portants à Santa-
Agatha, et l'évidence de l'innocence ainsi
prouvée des pauvres captives et de leur
libération.

Le ministre, qui me connaissait. fut ému
et heureux jusqu'aux larmes. Il fallut obtenir d'abord la révision du procès mysté-
rieux, et ensuite la grâce du roi pour les
trois condamnés. La révision fut facile d'au-

tant plus que les enfants avaient été vus par le président du tribunal.

Le roi bon et la reine compatissante furent heureux d'accorder une faveur qui ne coûtait rien à la justice. On ordonna au magistrat de Santa-Agatha de délivrer Annunziata et de l'envoyer à Naples avec Antoniella pour entériner la grâce. Antoniella. Lorenzo rétabli dans son grade. les jumeaux, l'Abruzzienne. son mari, comparurent à un jour assigné devant les juges. Nous vîmes une seconde fois la rencontre d'Antoniella et d'Annunziata avec leurs soi-disant victimes; le public entier fut inondé de larmes d'attendrissement. Antoniella reçut les bénédictions d'Annunziata; elle obtint la permission d'aller voir Santa-Agatha avec l'Abruzzienne qui avait donné une seconde mère à ses jumeaux. Lorenzo épousa enfin Antoniella; il alla avec elle reprendre ses grades auprès de son général à Messine. Le frère d'Antoniella, délivré par elle, fut renvoyé à Tunis auprès de son père, et la pauvre Annunziata, pardonnée, reçut en pleurant de tendresse l'estime des mères et le glorieux pardon de son héroïsme.

Ainsi Dieu ne permit pas que la folie de la nature reçût la punition du crime. Je quittai Naples avec un souvenir qui me rendit ce charmant pays aussi doux au cœur que délicieux au regard.

FIN.

PARIS — J. CLAYE, IMPRIMEUR, RUE SAINT-BENOIT, 7.

EXTRAIT DU CATALOGUE

DE

MICHEL LÉVY

FRÈRES

LIBRAIRES ÉDITEURS

ET DE

LA LIBRAIRIE NOUVELLE

Tous les ouvrages portés sur ce Catalogue sont expédiés *franco* (contre mandats ou timbres-poste), sans augmentation de prix, excepté les volumes à 1 fr. de la Collection Michel Lévy, auxquels il faut ajouter 25 centimes par volume.

RUE VIVIENNE, 2 BIS
ET BOULEVARD DES ITALIENS, 15
AU COIN DE LA RUE DE GRAMMONT

PARIS

FÉVRIER — 1867

NOUVEAUX OUVRAGES EN VENTE

Format in-8

M. GUIZOT
f. c.

MÉDITATIONS SUR L'ÉTAT ACTUEL DE LA RELIGION CHRÉTIENNE. 1 vol.. . 6 »

MÉMOIRES POUR SERVIR A L'HISTOIRE DE MON TEMPS. T. VII. 1 vol. . . 7 50

A. DE LAMARTINE

VIE DE CÉSAR. 1 vol. . . . . . . 5 »

ERNEST RENAN

LES APÔTRES. 1 vol. 7 50

F. PONSARD

ŒUVRES COMPLÈTES. 2 vol. . . . . 15 »

ALEXANDRE DUMAS FILS

AFFAIRE CLÉMENCEAU. — Mémoire de l'accusé. — 5e édition. 1 vol. . . 6 »

LATOUR SAINT-YBARS

NÉRON, sa vie et son époque. 1 vol. 7 50

THOMAS ERSKINE MAY
Traduction Cornelis de Witt

HISTOIRE CONSTITUTIONNELLE DE L'ANGLETERRE (1760-1860), précédée d'une introduction. 2 vol. . . . . 12 »

ALEXIS DE TOCQUEVILLE

CORRESPONDANCE ET ŒUVRES POSTHUMES, nouv. édit. (t. 5 et 6 des OEuv. complètes). 2 vol. . . . . 12 »

LE PRINCE L. CZARTORYSKI

ALEXANDRE Ier ET LE PRINCE CZARTORYSKI. Correspondance particulière et conversations publiées avec une introduction. 1 vol. 7 50

MICHEL NICOLAS

ÉTUDES SUR LES ÉVANGILES APOCRYPHES 1 vol. 7 50

A. KUENEN
Traduction A. Pierson

HISTOIRE CRITIQUE DES LIVRES DE L'ANCIEN TESTAMENT, avec une préface d'Ernest Renan. 1re partie.— Livres historiques. 1 vol. 7 50

LORD MACAULAY
Traduction Guillaume Guizot

ESSAIS SUR L'HISTOIRE D'ANGLETERRE. 1 vol. . . . . 6 »

L. DE VIEL-CASTEL

HISTOIRE DE LA RESTAURATION. tome IX. 1 vol. . . . . 6 »

DUVERGIER DE HAURANNE

HISTOIRE DU GOUVERNEMENT PARLEMENTAIRE EN FRANCE (1814-1848). Tome VII. 1 vol. 7 50

Format gr. in-18 à 3 fr. le vol.

vol.

ADOLPHE BELOT

LE DRAME DE LA RUE DE LA PAIX. . . 1

LA COMTESSE DE BOIGNE

UNE PASSION DANS LE GRAND MONDE. . 2

HECTOR MALOT

LES VICTIMES D'AMOUR — LES ENFANTS. 1

LA MARQUISE DE CRÉQUY

SOUVENIRS — Nouvelle édition entièrement revue et considérablement augmentée. T. 1 et 2 2

GEORGE SAND

THÉÂTRE COMPLET. T. 1 à 3 3

MARIO UCHARD

UNE DERNIÈRE PASSION. 1

DANIEL STERN

NÉLIDA. 1

PRÉVOST-PARADOL
de l'Académie française

QUELQUES PAGES D'HISTOIRE CONTEMPORAINE. Lettres politiques, 4e série . 1

MAXIME DU CAMP

LES BUVEURS DE CENDRES 1

L'AUTEUR DU PÉCHÉ DE MADELEINE

FLAMEN 1

THÉODORE DE BANVILLE

LES PARISIENNES DE PARIS. 1

LA COMTESSE DASH

Mlle CINQUANTE MILLIONS. 1

AURÉLIEN SCHOLL

L'OUTRAGE. 1

THÉOPHILE GAUTIER

LA BELLE JENNY. 1

JULES NORIAC

LE CAPITAINE SAUVAGE. 1

L'AUTEUR DES HORIZONS PROCHAINS

AU BORD DE LA MER. 1

ARSÈNE HOUSSAYE

LES FEMMES DU DIABLE 1

CHARLES MONSELET

LA FIN DE L'ORGIE. 1

MÉRY

LES JOURNÉES DE TITUS. 1

ÉDOUARD OURLIAC

NOUVEAUX CONTES DU BOCAGE. 1

A. DE PONTMARTIN

NOUVEAUX SAMEDIS, 3e série. 1

C.-A. SAINTE-BEUVE
de l'Académie française

NOUVEAUX LUNDIS. Tome 7. 1

HENRI HEINE

CORRESPONDANCE INÉDITE 2

ALEXANDRE DUMAS

THÉÂTRE COMPLET. Tome XIV et dernier. 1

OUVRAGES DIVERS
Format In-8

J.-J. AMPÈRE
f. c.

CÉSAR, Scènes historiques. 1 vol. . 7 50

L'HISTOIRE ROMAINE A ROME, avec des
plans topographiques de Rome à
diverses époques. 2e édit. 4 vol. 30 »

L'EMPIRE ROMAIN A ROME. 2 vol. . 15 »

MÉLANGES LITTÉRAIRES (S. presse) 2 v. 12 »

PROMENADE EN AMÉRIQUE. — États-
Unis, Cuba, Mexique. 3e édit. 2 v. 12 »

VOYAGE EN ÉGYPTE ET EN NUBIE
(Sous presse). 1 vol. 7 50

***

MAD. LA DUCH. D'ORLÉANS. 6e éd. 1 v. 6 »

***

ALÉSIA. Étude sur la septième campagne de César en Gaule. Avec 2
cartes (Alise et Alaise). 1 vol. 6 »

***

L'ANGLETERRE, études sur le Self-Go-
vernment. 1 vol. . . . . 5 »

J. AUTRAN

LE CYCLOPE, d'après Euripide. 1 vol. 3 »

LE POÈME DES BEAUX JOURS. 1 vol. . 5 »

J. BARTHÉLEMY SAINT-HILAIRE

LETTRES SUR L'ÉGYPTE. 1 vol. . . 7 50

L. BABAUD-LARIBIÈRE

ÉTUDES HIST. ET ADMINISTR. 2 vol. 12 »

L. BAUDENS
Memb. du conseil de santé des armées

LA GUERRE DE CRIMÉE — Les cam-
pements, les abris, les ambulances,
les hôpitaux, etc. 1 vol. . . . . 6 »

IS. BÉDARRIDE

LES JUIFS EN FRANCE, EN ITALIE ET
EN ESPAGNE. 2e édition, revue
et corrigée. 1 vol. 7 50

LA PRINCESSE DE BELGIOJOSO

ASIE-MINEURE ET SYRIE. Souvenirs
de Voyage. 1 vol. 7 50

HIST. DE LA MAISON DE SAVOIE. 1 v. 7 50

J.-B. BIOT de l'Acad. des Sc. et de l'Ac. fr.

ÉTUDES SUR L'ASTRONOMIE INDIENNE ET
SUR L'ASTRONOMIE CHINOISE. 1 v. 7 50

MÉLANGES SCIENTIFIQUES ET LITTÉ-
RAIRES. 3 vol. 22 50

CORNELIUS DE BOOM

UNE SOLUT. POLIT. ET SOCIALE. 1 vol. 6 »

FRANÇOIS DE BOURGOING

HISTOIRE DIPLOMATIQUE DE L'EUROPE
PENDANT LA RÉVOL. FRANÇAISE. 4 v. 7 50

M.-L. BOUTTEVILLE

LA MORALE DE L'ÉGLISE ET LA MO-
RALE NATURELLE. 1 vol. 7 50

LE PRINCE A. DE BROGLIE
f. c.

QUESTIONS DE RELIGION ET D'HIS-
TOIRE. 2 vol. . . . . 15 »

CAMOIN DE VENCE

MAGISTRATURE FRANÇAISE, son action
et son influence sur l'état de la société aux diverses époques. 1 vol. 6 »

AUGUSTE CARLIER

DE L'ESCLAVAGE dans ses rapports
avec l'Union américaine. 1 vol. . 6 »

HISTOIRE DU PEUPLE AMÉRICAIN. —
États-Unis — et de ses rapports
avec les Indiens. 2 vol. . . . . 12 »

J. COHEN

LES DÉICIDES. Examen de la Vie
de Jésus et des développements de
l'Église chrétienne dans leurs rapports avec le judaïsme. 2e édit.
revue, corrigée. 1 vol. . . . . . 6 »

A. DE COSTER

LÉGENDES FLAMANDES. 1 vol. . . . 6 »

J.-J. COULMANN

RÉMINISCENCES. 2 vol. . . . . . 10 »

VICTOR COUSIN de l'Acad. française

PHILOSOPHIE DE KANT. 1 vol. . . . 5 »

PHILOSOPHIE ÉCOSSAISE. 1 vol. . . 5 »

J. CRETINEAU-JOLY

LE PAPE CLÉMENT XIV, lettre au Père
Theiner. 1 vol. . . . . 3 »

A. BEN-BARUCH CRÉHANGE

LES PSAUMES, traduct. nouv. 1 vol. 10 »

LE PRINCE L. CZARTORYSK

ALEXANDRE 1er ET LE PRINCE CZAR-
TORYSKI. Correspondance particulière et conversations, publiées
avec une Introduction. 1 vol. . . 7 50

LE GÉNÉRAL E. DAUMAS

LE GRAND DÉSERT : Itinéraire d'une
Caravane du Sahara au pays des
Nègres (royaume de Haoussa),
suivi d'un Vocabulaire d'histoire
naturelle et du code de l'esclavage
chez les musulmans, avec une carte
coloriée. Nouv. édition. 1 vol. . 6 »

MARIA DERAISME

LE THÉÂTRE CHEZ SOI. 1 vol. . . . 6 »

CAMILLE DOUCET

COMÉDIES EN VERS. 2 vol. . . . . 12 »

MAXIME DU CAMP

LES CONVICTIONS. 1 vol. . . . . . 5 »

A. DU CASSE

DU SOIR AU MATIN. Scènes de la
vie militaire. 1 vol. . . . . . . 5 »

Mme DU DEFFAND　f. c.

CORRESPONDANCE COMPLÈTE AVEC LA DUCHESSE DE CHOISEUL, L'ABBÉ BARTHÉLEMY ET M. CRAUFURT. Nouvelle édit., revue et augm. avec introd. par *M. de Sainte-Aulaire*. 3 v. 22 50

ALEXANDRE DUMAS FILS

AFFAIRE CLÉMENCEAU. — Mémoire de l'accusé. — 5e *édition*. 1 vol. . . 6 »

MARIE ALEXANDRE DUMAS

AU LIT DE MORT. 1 vol. . . . . . 6 »

DUMONT DE BOSTAQUET

MÉMOIRES INÉDITS, publiés par *Ch. Read et Fr. Waddington*. 1 v. 7 50

CHARLES DUVEYRIER

L'AVENIR ET LES BONAPARTE. 1 vol. . . 6 »

DUVERGIER DE HAURANNE

HISTOIRE DU GOUVERNEMENT PARLEMENTAIRE EN FRANCE (1814-1848). 7 vol. 52 50

LE BARON ERNOUF

HIST. DE LA DERNIÈRE CAPITULATION DE PARIS. Evénem. de 1815. 1 vol. 6 »

LE PRINCE EUGÈNE

MÉMOIRES ET CORRESPONDANCE POLITIQUE ET MILITAIRE, publiés par *A. Du Casse*. 10 vol. . . . 60 »

J. FERRARI

HISTOIRE DE LA RAISON D'ÉTAT. 1 v. 7 50

GUSTAVE FLAUBERT

SALAMMBO. 4e *édition*. 1 vol. . . . 6 »

A. DE FLAUX

SONNETS. 1 vol. . . . . 5 »

LE COMTE DE FORBIN

CHARLES BARIMORE. *N. édition*. 1 vol. 3 »

AD. FRANCK *de l'Institut*

ÉTUDES ORIENTALES. 1 vol. . . . 7 50
RÉFORMATEURS ET PUBLICISTES DE L'EUROPE. Moyen-âge et Renaiss. 1 vol. 7 50

C. FRÉGIER

LES JUIFS ALGÉRIENS, leur passé, leur présent, leur avenir juridique, etc. 1 vol. . . . . 8 »

H. GACHARD

DON CARLOS ET PHILIPPE II. 2e édit. 1 vol. 7 50

G. GANESCO

DIPLOMATIE ET NATIONALITÉ. 1 vol. . . 2 »

Cte AGÉNOR DE GASPARIN

L'AMÉRIQUE DEVANT L'EUROPE. 1 vol. 6 »
UN GRAND PEUPLE QUI SE RELÈVE, LES ÉTATS-UNIS EN 1861. 1 vol. 5 »

P.-A.-F. GÉRARD

HISTOIRE DES FRANCS D'AUSTRASIE. 2 vol. . . . . 12 »

G.-G. GERVINUS
Trad. J.-F. Minssen et L. Syouk

INSURRECTION ET RÉGÉNÉRATION DE LA GRÈCE. 2 vol. . . . . . . 16 »

ÉMILE DE GIRARDIN　f. c.

QUESTIONS DE MON TEMPS. 12 vol. . 72 »

ÉDOUARD GOURDON

HISTOIRE DU CONGRÈS DE PARIS. 1 vol. 5 »

ERNEST GRANDIDIER

VOYAGE DANS L'AMÉRIQUE DU SUD. 1 v. 5 »

H. GRAETS

SINAÏ ET GOLGOTHA ou les origines du christianisme. 1 vol. . . . . . 6 »

F. GUIZOT

LA CHINE ET LE JAPON, par *Laurence Oliphant*. Trad. nouv. 2 v. 12 »
L'ÉGLISE ET LA SOCIÉTÉ CHRÉTIENNES. 4e *édition*. 1 vol. . . . . . . 5 »
HISTOIRE DE LA FONDATION DE LA RÉPUBLIQUE DES PROVINCES-UNIES, par *J. Lothrop Motley*, trad. nouvelle, précédée d'une grande introduction (*l'Espagne et les Pays-Bas aux XVIe et XIXe siècles*). 4 vol. . 24 »
HISTOIRE PARLEMENTAIRE DE FRANCE. Recueil complet des discours de M. Guizot dans les Chambres, de 1819 à 1848, accompagnés de résumés historiques et précédés d'une introduction ; formant le complément des *Mémoires pour servir à l'histoire de mon temps*. 5 vol. 37 50
MÉDITATIONS SUR L'ESSENCE DE LA RELIGION CHRÉTIENNE. 2e éd. 1 vol. 6 »
MÉDITATIONS SUR L'ÉTAT ACTUEL DE LA RELIGION CHRÉTIENNE. 1 vol. . 6 »
MÉMOIRES pour servir à l'histoire de mon temps. 2e *édition*. 7 vol. . 52 50
LE PRINCE ALBERT, son caractère et ses discours, traduit par ***, et précédé d'une préface. 1 vol. . . 6 »
WILLIAM PITT ET SON TEMPS, par *lord Stanhope*, traduction précédée d'une introduction. 1 vol. . . . 24 »

HERMINJARD

CORRESPONDANCE DES RÉFORMATEURS dans les pays de langue française. T. 1er. 10

ROBERT HOUDIN

TRICHERIES DES GRECS DÉVOILÉES. 1 v. 5 »

ARSÈNE HOUSSAYE

MADEMOISELLE CLÉOPATRE. 7e éd. 1 v. 6 »

VICTOR HUGO

LA LÉGENDE DES SIÈCLES. 2 vol. . . 15 »

VICTOR JACQUEMONT

CORRESPONDANCE INÉDITE avec sa famille, ses amis, et les professeurs du Muséum d'histoire naturelle, pendant ses voyages à Saint-Domingue et dans l'Inde, 1825-1832, précédée d'une notice par *V. Jacquemont* neveu, et d'une introduction de *Pr. Mérimée*. 2 vol. . 12 »

PAUL JANET

PHILOSOPHIE DU BONHEUR. 2e édit. 1 v. 7 50

JULES JANIN

LES GAÎTÉS CHAMPÊTRES. 2 vol. . . 12 »
LA RELIGIEUSE DE TOULOUSE. 2 vol. 12 »

ALPHONSE JOBEZ   f. c.

LA FEMME ET L'ENFANT. 1 vol. . . . 5 »

***

ÉTUDES SUR LA MARINE :
L'escadre de la Méditerranée. —
La Question chinoise.—La Marine
à vapeur dans les guerres continen-
tales. 1 vol. 7 50

A. KUENEN — Trad. A. Pierson

HISTOIRE CRITIQUE DES LIVRES DE
L'ANCIEN TESTAMENT, avec une
préface par *Ernest Renan*. 1 vol. . 7 50

LAMARTINE

ANTONIELLA. 1 vol. . . . . 6 »
GENEVIÈVE. Hist. d'une Servante. 1 vol. . 5 »
NOUVELLES CONFIDENCES. 1 vol. . . 5 »
TOUSSAINT LOUVERTURE. 1 vol. . . . 5 »
VIE DE CÉSAR. 1 vol. . . . . . . 5 »

CHARLES LAMBERT

L'IMMORTALITÉ SELON LE CHRIST. 1 v. 7 50
LE SYSTÈME DU MONDE MORAL. 1 vol. 7 50

DE LAROCHEFOUCAULD (duc de Doudeauville)

MÉMOIRES. 15 vol. 112 50

JULES DE LASTEYRIE

HISTOIRE DE LA LIBERTÉ POLITIQUE
EN FRANCE. 1re *Partie*. 1 vol. . 7 50

DE LATENA

ÉTUDE DE L'HOMME. 3e *édit*. 1 vol. 7 50

LATOUR DE SAINT-YBARS

VIE DE NÉRON. 1 vol. 7 50

LÉONCE DE LAVERGNE

LES ASSEMBLÉES PROVINCIALES SOUS
LOUIS XVI. 1 vol. 7 50

JULES LE BERQUIER

LA COMMUNE DE PARIS. 1 vol. . . . 3 »

VICTOR LE CLERC et ERNEST RENAN

HISTOIRE LITTÉRAIRE DE LA FRANCE
AU XIVe SIÈCLE. 2 vol. . . . . . 16 »

CHARLES LENORMANT

BEAUX-ARTS ET VOYAGES, précédés
d'une lettre de *M. Guizot*. 2 vol. 15 »

L. DE LOMÉNIE

BEAUMARCHAIS ET SON TEMPS. Études
sur la Société en France au XVIIIe
siècle. 2e *édition*. 2 vol. . . . . 15 »

LORD MACAULAY Traduct. G. Guizot

ESSAIS HIST. ET BIOGRAPHIQUES. 2 v. 12 »
—POLIT. ET PHILOSOPHIQUES. 1 vol. 6 »
—LITTÉRAIRES. 1 vol. . . . . . . 6 »
—SUR L'HIST. D'ANGLETERRE. 1 vol. 6 »

JOSEPH DE MAISTRE

CORRESPONDANCE DIPLOMATIQUE (1811-
1817), publiée par *A. Blanc*. 2 vol. 15 »
MÉMOIRES POLITIQUES ET CORRESPON-
DANCE DIPLOMATIQUE, avec explica-
tions, etc., par *Albert Blanc*. 1 v. 6 »

LE COMTE DE MARCELLUS f. c.

CHATEAUBRIAND ET SON TEMPS. 1 vol. 7 50
LES GRECS ANCIENS ET LES GRECS
MODERNES. Études littér. 1 vol. . 7 50
SOUVENIRS DIPLOMATIQUES. Corres-
pondance intime de M. de Chateau-
briand. *Nouv. édition*. 1 vol. . . 5 »
VINGT JOURS EN SICILE. 1 vol. . . . 5 »

J. MARTIN PASCHOUD

LIBERTÉ, VÉRITÉ, CHARITÉ. 1,2 vol. . 2 »

LE DOCTEUR FÉLIX MAYNARD

SOUVENIRS D'UN ZOUAVE DEVANT SÉ-
BASTOPOL. 2 vol. . . . . 6 »

J.-H. MERLE D'AUBIGNÉ

HISTOIRE DE LA RÉFORMATION EN
EUROPE AU TEMPS DE CALVIN. 4 vol. 30 »

MÉRY

NAPOLÉON EN ITALIE, Poëme. 1 vol. . 5 »

LE COMTE MIOT DE MÉLITO

*Ancien ambassadeur, ministre, conseil-
ler d'État et membre de l'Institut*
SES MÉMOIRES, publiés par sa famille
(1788-1815). 3 vol. . . . . . . 18 »

Mme A. MOLINOS-LAFITTE

SOLITUDES. 2e édition. 1 vol. . . . 5 »

LE COMTE DE MONTALIVET

LE ROI LOUIS-PHILIPPE (liste civile).
*Nouv. édit., entièrement revue et
consid. augm. de notes, pièces, etc.,
avec portrait et fac-similé du roi,
le plan du château de Neuilly*. 1 v. 6 »

MORTIMER-TERNAUX

HISTOIRE DE LA TERREUR. (1792-1794),
d'après des documents authenti-
ques et inédits. Tome 1 à IV. 4 vol. 24 »

LE BARON DE NERVO

LES BUDGETS DE LA FRANCE ET DE
L'ANGLETERRE. 1 vol. 7 50
LES FINANCES FRANÇAISES SOUS L'AN-
CIENNE MONARCHIE, LA RÉPUBLIQUE,
LE CONSULAT ET L'EMPIRE. 2 vol. 15 »
LES FINANCES FRANÇAISES SOUS LA
RESTAURATION. 2 vol. . . . . . . 15 »

MICHEL NICOLAS

DES DOCTRINES RELIGIEUSES DES JUIFS
pendant les deux siècles antérieurs
à l'Ère chrétienne. 2e *édit*. 1 vol. . 7 50
ESSAIS DE PHILOSOPHIE ET D'HISTOIRE
RELIGIEUSE. 1 vol. 7 50
ÉTUDES CRITIQUES SUR LA BIBLE.
Ancien Testament. 1 vol. 7 50
ÉTUDES CRITIQUES SUR LA BIBLE.
Nouveau Testament. 1 vol. . . . 7 50
ÉTUDES SUR LES ÉVANGILES APOCRY-
PHES. 1 vol. 7 50
LE SYMBOLE DES APÔTRES. 1 vol. . . 7 50

CHARLES NISARD

LES GLADIATEURS DE LA RÉPUBLIQUE
DES LETTRES. 2 vol. . . . . . . 15 »

CASIMIR PERIER

f. c.

LES FINANCES DE L'EMPIRE. 1/2 vol. . . 1 »
LES FINANCES ET LA POLITIQUE. 1 vol. 5 »
LE TRAITÉ AVEC L'ANGLETERRE.
   2e édit. rev. et augm. 1/2 vol. . 1 50

GEORGES PERROT

SOUVENIRS D'UN VOYAGE EN ASIE-
   MINEURE. 1 vol. 7 50

A. PEYRAT

HISTOIRE ÉLÉMENTAIRE ET CRITIQUE
   DE JÉSUS, 3e édition. 1 vol. . . . 7 50

A. PHILIPPE

ROYER-COLLARD. Sa vie publique, sa
   vie privée, sa famille. 1 vol. . . 5 »

L'ABBÉ PIERRE

CONSTANTINOPLE, JÉRUSALEM ET ROME,
   avec un plan de Jérusalem et une
   carte des côtes orientales de la
   Méditerranée. 2 vol. . . . . 15 »

F. PONSARD de l'Académie française

ŒUVRES COMPLÈTES. 2 vol. . . . . 15 »

LE COMTE DE PONTÉCOULANT

SOUVENIRS HISTORIQUES ET PARLEMEN-
   TAIRES, extraits de ses papiers et
   de sa corresp. (1764-1848). 4 vol. 24 »

PRÉVOST-PARADOL

de l'Académie française

ÉLISABETH ET HENRI IV (1595-1598).
   2e édition. 1 vol. . . . . . . 6 »
ESSAIS DE POLITIQUE ET DE LITTÉ-
   RATURE. 2e édition. 1 vol. . . . 7 50
NOUVEAUX ESSAIS DE POLITIQUE ET DE
   LITTÉRATURE. 1 vol. 7 50
ESSAIS DE POLITIQUE ET DE LITTÉRA-
   TURE. 3e série. 1 vol. 7 50

EDGAR QUINET

HISTOIRE DE LA CAMPAGNE DE 1815.
   1 vol. avec une carte. 7 50
MERLIN L'ENCHANTEUR. 2 vol. . . . 15 »

JOSEPH DE RAINNEVILLE

LA FEMME DANS L'ANTIQUITÉ ET D'A-
   PRÈS LA MORALE NATURELLE. 1 vol. 7 50

Mme RÉCAMIER

SOUVENIRS ET CORRESPONDANCE tirés
   de ses papiers. 3e édition. 2 vol. 15 »
COPPET ET WEIMAR — MADAME DE
   STAEL ET LA GRANDE-DUCHESSE
   LOUISE. Récits et Correspondan-
   ces, par l'auteur des Souvenirs de
   Madame Récamier. 1 vol. . . 7 50

CH. DE RÉMUSAT

f. c.

de l'Académie française

POLITIQUE LIBÉRALE, ou Fragments
   pour servir à la défense de la révolution française. 1 vol. 7 50

ERNEST RENAN

LES APOTRES. 1 vol. 7 50
AVERROÈS ET L'AVERROÏSME, essai his-
   torique. 2e édition. 1 vol. . . . 7 50
LE CANTIQUE DES CANTIQUES, traduit
   de l'hébreu, avec une étude sur le
   plan, l'âge et le caractère du poème.
   2e édition. 1 vol. . . . . 6 »
LA CHAIRE D'HÉBREU AU COLLÈGE DE
   FRANCE. 3e édit. Brochure. . . . 1 »
DE L'ORIGINE DU LANGAGE. 4e édition.
   1 vol. . . . . 6 »
DE LA PART DES PEUPLES SÉMI-
   TIQUES DANS L'HISTOIRE DE LA
   CIVILISATION. 5e édit. Brochure. . 1 »
ESSAIS DE MORALE ET DE CRITIQUE.
   3e édition. 1 vol. 7 50
ÉTUDES D'HISTOIRE RELIGIEUSE.
   6e édition. 1 vol. 7 50
HISTOIRE GÉNÉRALE DES LANGUES SÉ-
   MITIQUES. 4e édition revue et
   augmentée. 1 vol. . . . . 12 »
HISTOIRE LITTÉRAIRE DE LA FRANCE
   AU XIVe SIÈCLE. 2 vol. . . . . . 16 »
LE LIVRE DE JOB, traduit de l'hébreu,
   avec une étude sur l'âge et le ca-
   ractère du poème. 3e édition. 1 vol. 7 50
VIE DE JÉSUS. 12e édition. 1 vol. . 7 50

D. JOSÉ GUELL Y RENTÉ

CONSIDÉRATIONS POLITIQUES ET LITTÉ-
   RAIRES. 1 vol. . . . . 5 »
PENSÉES CHRÉTIENNES, POLITIQUES
   ET PHILOSOPHIQUES. 1 vol. . . . 5 »

LOUIS REYBAUD de l'Institut

ÉCONOMISTES MODERNES. 1 vol. . . 7 50
ÉTUDES SUR LE RÉGIME DES MANU-
   FACTURES. — La soie. 1 vol. . . 7 50
LE COTON. Son régime, ses problè-
   mes, son influence en Europe. 1 vol. 7 50
LA LAINE. 3e série des Études sur le
   régime des manufactures. 1 vol. 7 50

LE COMTE R. R.

LA JUSTICE ET LA MONARCHIE POPU-
   LAIRE. 1re partie : La Guerre
   d'Orient. 1 vol. . . . . 3 »

H. RODRIGUES

LES TROIS FILLES DE LA BIBLE.
   1re aux Israélites. Brochure. . . 1 »
   2e aux Israélites — 3e aux Chrétiens — 4e aux Protestants. 1 vol. 5 »
   5e aux Philosophes. 1 vol. . . . 2 »
   6e aux Mahometans — 7e spéciale
   aux Catholiques. 1 vol. . . . . . 3 »

J.-J. ROUSSEAU

fr. c.

ŒUVRES ET CORRESPONDANCE INÉDITES, publiées par *M. Streckeisen-Moultou*. 1 vol. 7 50

J.-J. ROUSSEAU, SES AMIS ET SES ENNEMIS. Corresp. publ. par *M. Streckeisen-Moultou*, avec introd. de *M. J Levallois* et une appréciat. crit. de *M. Sainte-Beuve*. 2 vol. 45 »

LE MARÉCHAL DE SAINT-ARNAUD

LETTRES avec pièces justificatives. 2e édit.; une notice de *M. Sainte-Beuve*. 2 vol. ornés du portrait et d'un autographe. . . . . . . 12 »

SAINTE-BEUVE de l'Acad. française

POÉSIES COMPLÈTES — JOSEPH DELORME — LES CONSOLATIONS — PENSÉES D'AOUT. *N. édition*. 2 vol. 10 »

SAINT-MARC GIRARDIN de l'Acad. fr.

SOUVENIRS ET RÉFLEXIONS POLITIQUES D'UN JOURNALISTE. 1 vol. . . 7 50
LA FONTAINE ET LES FABULISTES. 2 vol. 45 »

SAINT-RENÉ TAILLANDIER

ÉTUDES SUR LA RÉVOLUTION EN ALLEMAGNE. 2 vol. . . . . 45 »
MAURICE DE SAXE. Étude historique d'après des documents inédits. 1 vol. 7 50

PAUL DE SAINT-VICTOR

HOMMES ET DIEUX. 1 vol. . . . . . 6 »

J. SALVADOR

HISTOIRE DES INSTITUTIONS DE MOÏSE ET DU PEUPLE HÉBREU. 3e *édition, revue et augmentée*. 2 vol. . 45 »
JÉSUS-CHRIST ET SA DOCTRINE. Histoire de la naissance de l'Eglise et de ses progrès pendant le premier siècle. *Nouv. édit. augment.* 2 v. 45 »
PARIS, ROME, JÉRUSALEM. Question religieuse au xixe siècle. 2 vol. . . 45 »

MAURICE SAND

RAOUL DE LA CHASTRE. 1 vol. . . . 6 »

SANTIAGO ARCOS

LA PLATA. Étude historique. 1 vol. 10 »

EDMOND SCHERER

MÉLANGES D'HISTOIRE RELIGIEUSE. 1 v. 7 50

DE SÉNANCOUR

RÊVERIES. 3e *édition*. 1 vol. . . 5 »

JAMES SPENCE

L'UNION AMÉRICAINE. 1 vol. . . . . 6 »

A. DE TOCQUEVILLE

ŒUVRES COMPLÈTES

L'ANCIEN RÉGIME ET LA RÉVOLUTION. 4e *édition*. 1 vol. . . . . . . 6 »
DE LA DÉMOCRATIE EN AMÉRIQUE. *Nouvelle édition*. 3 vol. . . . 18 »
ÉTUDES ÉCONOMIQUES, POLITIQUES ET LITTÉRAIRES. 1 vol. . . . . 6 »

A. DE TOCQUEVILLE (Suite) fr. c.

MÉLANGES. Fragments historiques et Notes. 1 vol. . . . . 6 »
ŒUVRES POSTHUMES ET CORRESPONDANCE. Introd. de *M. G. de Beaumont* 2 v. 12
NOUVELLE CORRESPONDANCE, entièrement inédite. 1 vol. . . . . 6 »

E. DE VALBEZEN

LES ANGLAIS ET L'INDE, avec notes, etc. 3e *édition*. 1 vol. 7 50

OSCAR DE VALLÉE

ANTOINE LEMAISTRE ET SES CONTEMPORAINS. 2e *édition*. 1 vol. . . 7 50
LE DUC D'ORLÉANS ET LE CHANCELIER D'AGUESSEAU. 1 vol. 7 50

LE DUC DE VALMY

LE PASSÉ ET L'AVENIR DE L'ARCHITECTURE. 1 vol. . . . . 5 »

PAUL VARIN

EXPÉDITION DE CHINE. 1 vol. . . . . 5 »

LE DOCTEUR L. VÉRON

QUATRE ANS DE RÈGNE. OU EN SOMMES-NOUS? 1 vol. . . . . . . 5 »

LOUIS DE VIEL-CASTEL

HISTOIRE DE LA RESTAURATION. 9 vol. 54 »

ALFRED DE VIGNY de l'Acad. franç.

ŒUVRES COMPLÈTES (nouvelle édition)

CINQ-MARS. Avec autographes de Richelieu et de Cinq-Mars. 1 vol. . . 5 »
LES DESTINÉES. Poèmes philos. 1 vol. 6 »
POÉSIES COMPLÈTES. 1 vol. . . . . . 5 »
SERVITUDE ET GRANDEUR MILITAIRES. 1 vol. . . . . 5 »
STELLO. 1 vol. . . . . 5 »
THÉÂTRE COMPLET. 1 vol. . . . . . . 5 »

VILLEMAIN de l'Académie française

LA TRIBUNE MODERNE :
1re PARTIE. — M. DE CHATEAUBRIAND, sa vie, ses écrits, son influence litt. polit. sur son temps. 1 v. 7 50
2e PARTIE (*Sous presse*). 1 vol. 7 50

L. VITET de l'Académie française

L'ACADÉMIE ROYALE DE PEINTURE ET DE SCULPTURE. Étude hist. 1 vol. 6 »
LE LOUVRE. Étude historique, *revue et augmentée* (*Sous pr.*). 1 vol. 6 »

CORNELIS DE WITT

L'ANGLETERRE POLITIQUE ET RELIGIEUSE (1815-1860). 2 vol. . . . 12 »
HISTOIRE CONSTITUTIONNELLE DE L'ANGLETERRE (1760-1860) par *Thomas Erskine May*, traduite et précédée d'une introduction. 2 vol. . . . . 12 »

LE RÉV. CHRISTOPHER WORDSWORT

DE L'ÉGLISE ET DE L'INSTRUCTION PUBLIQUE EN FRANCE. 1 vol. . . . . 5 »